Schinzel · Das versunkene Schloß

Das versunkene Schloß

Die schönsten Sagen aus dem Würmtal
vom Starnberger See bis Dachau

Gesammelt und neu erzählt
von Gisela Schinzel

Hornung Verlag München

© 1974 by Hornung Verlag Viktor Lang
8000 München 81
Titelfoto: Heinz Schinzel
Illustrationen: Jan Derk de Haen
Schutzumschlag und Typographie: Walter Lachenmann
Gesamtherstellung: Landsberger Verlagsanstalt, Martin Neumeyer
Landsberg a. Lech, Museumstraße 14
Printed in Germany
ISBN 3-87364-032-5

Es wechseln die Geschlechter;
die Sage bleibt sich treu.

ADELBERT VON CHAMISSO

Inhaltsverzeichnis

Vorwort

»Es wird dem Menschen von Heimats wegen ein guter Engel beigegeben, der ihn, wenn er ins Leben auszieht, unter der vertraulichen Gestalt eines Mitwanderers begleitet; wer nicht ahnt, was ihm Gutes dadurch widerfährt, der mag es fühlen, wenn er die Grenze des Vaterlandes überschreitet, wo ihn jener verläßt. Diese wohltätige Begleitung ist das unerschöpfliche Gut der Märchen, Sagen und Geschichten, welche nebeneinander stehen und uns nacheinander die Vorzeit als einen frischen und belebenden Geist nahe zu bringen streben.« Gebrüder Grimm, Vorrede zur ersten Ausgabe der »Deutschen Sagen« 1816.

An dieser Sammlung ist besonders hervorzuheben, daß das Lokalitätsprinzip, das jede Sage kennzeichnet, strikt eingehalten worden ist. Jede Sage gehört in den Bezugsraum, in dem sie entstanden ist, in dem sie miterlebt werden kann, in dem sie weitererzählt und damit erhalten wird. – Die sehr frühe Besiedlung des Würmtales, bedingt durch den großen Wasser- und Fischreichtum, eingegrenzt durch die Flußuferterrassen, die Hoch- und Niederterrassenschotter und die Endmoränen der Würmeisvergletscherung, die geschlossene Landschaft um diesen uralten Wasserweg, die noch heute sehr spürbare Verwurzelung und die Bodenständigkeit der Würmtalgemeinden, das alles hat sich dokumentiert in dem Sagengut, das in diesem Buch zusammengetragen wurde.

»Es ist schön, daß es nicht nur Menschen gibt, die heute noch Sagen sammeln; man muß auch froh sein, daß es Verleger gibt, die diese Bücher verlegen. Wieviel, was es nicht schwarz auf weiß gibt, ist so schnell verloren und vergessen.« (Bezirksheimatpfleger P. E. Rattelmüller)

In der Sagensammlung der Frisinga 1730 heißt es so trefflich: »Unsere Zeit verwischt so viel von dem, was unsere Vorfahren erfreut und bewegt hat. Und doch dürfen wir den Zusammenhang mit der Vergangenheit unserer Heimat nicht verlieren, wollen wir nicht auf der eigenen Heimaterde Fremdlinge sein.«

Karlsfeld, im Sommer 1974

Alois Angerpointner
Oberschulrat
Kreisheimatpfleger des Landkreises Dachau

Der Ritter im Starnberger See

Einst lagen in Bayern zwei junge Ritter namens Parcival von Puchberg und Hartlieb von Sigenheim in erbitterter Fehde wegen eines Landstreifens. Der Streit zwischen den ehemaligen Freunden war von Ritter Wolf Esper von Stain angestiftet worden. Er hoffte nämlich insgeheim, daß die beiden sich gegenseitig totschlagen würden, und dann das umkämpfte Land in seinen Besitz überginge.

Doch eines Tages geschah etwas, das seine finsteren Pläne durchkreuzte. Zufällig begegneten sich die beiden Streithähne einmal im Wald. Jeder war in Begleitung seiner Schwester. Und siehe da, von der Schönheit und Anmut der jungen Edeldamen bezwungen, versöhnten sich die feindlichen Freunde wieder und beschlossen, jeder des anderen Schwester als Gattin heimzuführen.

Bald war im ganzen Land bekannt, daß Ritter Parcival von Puchberg die wunderschöne Margaret von Sigenheim auf einem seiner Schlösser in den bayerischen Bergen zu ehelichen gedachte. Seine Schwester sollte dort zur gleichen Zeit mit Hartlieb von Sigenheim vermählt werden.

Als Wolf Esper von Stain das erfuhr, geriet er in fürchterliche Wut. Durch die Versöhnung der beiden Ritter waren nicht nur seine Pläne mit dem umstrittenen Land zunichte gemacht worden, sondern auch seine eigenen Heiratsabsichten vereitelt. Er hatte nämlich einst die liebliche Margaret gesehen und beschlossen, sie zu seinem Weibe zu machen. Daß er nun auf diesem Gebiet gegen den Puchberger verlieren sollte, konnte er nicht verwinden und er gedachte deshalb, die Braut zu entführen.

Mit vierzig seiner wildesten Kriegsknechte legte er in der Nähe von Starnberg einen Hinterhalt. Er hatte nämlich in Erfahrung gebracht, daß der Brautzug an dieser Straße, die den See entlangführte, vorüberkommen sollte. Und er sandte einen Späher nach Starnberg, der ihm die Ankunft der Erwarteten unverzüglich melden sollte. Nach langer Zeit, der Raubritter war schon ganz ungeduldig geworden, kehrte der Mann zurück und berichtete:

»Herr, sie sind eben durch Starnberg geritten. Der Puchberger und seine Braut sind den anderen weit voraus und es wird ein leichtes sein, sie zu überrumpeln. Dennoch müssen wir vorsichtig sein und uns beeilen, denn Herzog Christoph jagt mit einigen Freunden in dieser Gegend und es wäre schlimm, wenn er uns überraschte.«

»Der Herzog kümmert mich nicht«, rief da der Ritter unwillig, »wenn er sich ungebeten in unsere Angelegenheit einmischt, so wird er es bereuen. Wir werden auch mit ihm fertig!«

Während er noch sprach, hörte man mit einem Mal Hufgetrappel und Ritter Parcival von Puchberg und seine Braut kamen in Sicht. Sie ritten sehr schnell, denn die Dämmerung brach bereits herein und sie wollten noch vor Dunkelheit in dem Schloß nahe bei Possenhofen sein, um dort zu übernachten.

Da stürzten Wolf Esper von Stain und seine Kumpane aus dem Hinterhalt hervor und überfielen das ahnungslose Paar.

»Kennst du mich«, rief der Raubritter dem völlig überraschten Puchberger zu, »nun werde ich mir dein Land und deine Braut holen!«

Mit diesen Worten drang er wild auf ihn ein und hieb ihn trotz seiner tapferen Gegenwehr vom Pferd. Besinnungslos lag der Puchberger auf der Erde, während seine Begleiter, die inzwischen herangekommen waren, sich verzweifelt mit der Übermacht der Feinde herumschlugen. Doch der Kampf währte nicht lange, denn der Räuber waren zu viele. Bald lagen die Gefährten Ritter Parcivals tot oder schwer verwundet neben ihrem Herrn.

Wolf Esper von Stain aber schleppte mit Triumph die weinende Braut zum bereitliegenden Boot, um sie über den See in sicheren Gewahrsam zu bringen.

Da stürmte mit einem Mal wie ein wilder Wirbelwind Herzog Christoph von Bayern heran. Er hatte das Kampfgetümmel vernommen und kam mit seinen Freunden den Bedrängten zu Hilfe. Wohl warfen sich ihm die Knechte des Ritters von Stain entgegen, aber gegen den tollkühnen Herzog, der nicht umsonst den Beinamen »der Starke« führte, konnten sie nichts ausrichten und flohen in Schrekken, nachdem sein Schwert reichliche Ernte unter ihnen gehalten hatte.

Aufatmend wischten sich der Herzog und seine Begleiter den Schweiß von der Stirne. – Da vernahmen sie plötzlich einen klagenden Ruf vom See her und sahen, wie die geraubte Braut, sich heftig sträubend, gewaltsam in ein Boot gehoben wurde.

Ohne einen Augenblick zu verlieren, rannte der Herzog mit großen Sprüngen zum Ufer hinunter. Doch als er angelangt war, befand sich das Boot schon weit im See und der Raubritter rief höhnisch herüber:

»Rette Margaret doch, wenn du es vermagst!« Und mit kräftigen Ruderschlägen trieben er und sein Knecht das Gefährt in sichere Entfernung.

Doch der mutige Herzog zögerte nicht lange. Mit Riesenschritten eilte er zum Kampfplatz zurück. Dort übergab er den schwer verwundeten Puchberger der Obhut seiner Freunde, die ihn zu einem heilkundigen Priester in das Starnberger Schloß bringen sollten. Er selbst aber schwang sich auf sein Roß und jagte nach Possenhofen. Dort entlieh er sich von einem Fischer ein Boot und verfolgte damit den fliehenden Raubritter. Er ruderte aus Leibeskräften und der Kahn schoß wie ein Pfeil dahin. Als er in die Nähe des Schurken gekommen war, hob er seine Lanze und rief drohend:

»Halt, du ehrloser Halunke! Gib Margaret von Sigenheim heraus oder du bist des Todes!«

»Oder du, großmäuliger Herzog«, rief dieser und lachte böse, »laß die Lanze fallen, sonst werfe ich die Dame den Fischen zum Fraße vor.«

Während er noch redete, schleuderte er seinen Speer. Der aber verfehlte Christoph den Starken und blieb federnd im Holz des Bootes stecken. Zischend fuhr daraufhin die Lanze des Herzogs durch die Luft und durchbohrte den Ruderknecht des Raubritters.

»Gib die Braut des Puchbergers heraus oder du wirst es bereuen«, warnte Herzog Christoph nochmals.

»Nie im Leben«, antwortete Wolf Esper von Stain und wollte die völlig verängstigte Margaret fassen. Doch da traf ihn sein eigener Speer, den der Herzog aus dem Boot gerissen hatte. Schwer verletzt stürzte er zu Boden. Christoph aber ruderte heran, um die Braut des Puchbergers in sein Boot zu geleiten. Da richtete sich der zu Tode getroffene Raubritter noch einmal mit letzter Kraft auf und drang mit dem Schwert auf den Herzog ein. Der jedoch packte ihn und warf ihn über Bord. Mit einem lauten Schrei versank Wolf Esper von Stain samt seiner Rüstung im See.

Christoph der Starke aber führte die befreite Margaret von Sigenheim wieder ihrem Bräutigam zu. Weinend vor Glück dankte sie dem edlen Herzog. Als Ritter Parcival von Puchberg endlich von seinen Wunden genesen war, feierten sie Hochzeit, und der Herzog war Ehrengast.

Im alten Friedhof von Starnberg aber liegen alle die begraben, die in dem Kampf der Ritter ihr Leben lassen mußten, nur Herr Wolf Esper von Stain und sein Knecht fehlen, denn ihre Leichen wurden niemals gefunden.

Die Fischer vom See wissen jedoch geheimnisvolle Dinge zu berichten. Sie behaupten, daß an manchen Tagen, bei Dämmerung, zwei schimmernde Gestalten über den See schweben und winken. Alle wissen, daß dies der Ritter und sein Knecht sind, die auf dem Grund des Sees keine Ruhe finden. Niemand aber wagt sich in die Nähe der beiden Geister.

Auch soll man des Abends, nahe der Insel im See, in der Tiefe des Wassers ein goldenes Gefunkel erkennen können. Das, so erzählen die Leute, ist die Rüstung des Wolf Esper von Stain.

Das Ochsenwunder von Aufkirchen

Inmitten der lieblichen Hügellandschaft um den Würmsee liegt das Dorf Aufkirchen. Schon im 10. Jahrhundert, als es noch »Ufkiricha« hieß, stand dort eine Kapelle zu Ehren der Muttergottes. Ende des 15. Jahrhunderts errichteten die Herzöge Albrecht IV. und Sigismund von Bayern die heutige Kirche. Im Jahre 1625 brach ein fürchterlicher Brand aus, bei dem das ganze Gebäude den Flammen zum Opfer fiel. Nur das kleine Gnadenbild darin blieb völlig unversehrt. Alle waren darüber höchst erstaunt. Doch schon bei der Gründung dieses Gotteshauses soll sich ein Wunder ereignet haben.

Die Legende berichtet darüber:

Pfarrherr und Gemeinde konnten sich beim Neubau ihrer Kirche lange Zeit nicht über den Ort einigen, an dem sie errichtet werden sollte. Da hatte der Priester den Einfall, die Wahl des Standplatzes einer höheren Macht zu überlassen. Er befahl, einen Ochsenkarren zu bringen und den Grundstein darauf zu befestigen. Dort, wo das Gespann aus eigenem Willen anhalten würde, sollte das neue Gotteshaus erbaut werden. Damit waren alle einverstanden.

Weil der Pfarrherr aber die Stelle, wo die alte Marienkapelle stand, für ungeeignet hielt, ließ er sie vorher mit einem Zaun aus Dornengestrüpp und Daxen umgeben. Als nun dieser fertig war, trieb ein Knecht die Ochsen an und überließ sie, als sie munter trabten, sich selbst.

Doch es kam anders, als es die Leute sich vorgestellt hatten. Zur größten Verwunderung der Anwesenden machten die Ochsen kehrt und zogen ihre Last durch alle Hindernisse hindurch zur alten Kapelle zurück. Dort blieben sie, ganz zerschunden von den Ästen und Dornen, unbeweglich stehen.

Diesem Fingerzeig von oben beugten sich die streitenden Parteien. Ehrfürchtig luden sie den Stein ab und verwendeten ihn für die neue Kirche. Noch heute soll der Abdruck einer Ochsenklaue darauf zu sehen sein.

Die wilden Fräulein von Berg

Schloß Berg ist auf einem Hügel, unmittelbar am Ufer des Starnberger Sees, erbaut worden. Das gleichnamige Dorf liegt etwas höher und weiter vom See entfernt. Auf einem Abhang zwischen Ort und Schloß befinden sich Felswände aus Nageltuff, die von Bäumen und dichtem Gestrüpp fast verdeckt werden. Dort führt eine Höhle in den Berg hinein, die bei den Einheimischen »das Schmalzaloch« heißt. In der Nähe befand sich früher ein kleiner Weiher, der von einer jetzt versiegten Quelle gespeist wurde.

Die alten Fischer dieser Gegend erzählen geheimnisvoll, daß dieses Loch in einen unterirdischen Gang mündet, der tief in das Innere des Hügels hineinführt. Dort sollen, der Sage nach, die wilden Fräulein gehaust haben. Das waren kleine, gutmütige Weiblein, die den Menschen wohlgesinnt waren und ihnen halfen, wo sie konnten. Jeden Abend kamen sie aus ihrer Höhle heraus und begaben sich zu dem genannten Weiher.

Die Einheimischen wußten darum und stellten den freundlichen Wesen immer Brot, Schmalz und Mehl an diese Stelle. Dankbar nahmen die wilden Fräulein die Geschenke an und wuschen den Leuten dafür über Nacht die schmutzige Wäsche, die jene an den Weiher legten. Lange Zeit ging das gut so.

Einmal aber ließ ein Bauer, der Mitleid mit den barfüßigen Weiblein hatte, von einem Schuster Schuhe anfertigen und legte sie zu der Wäsche neben den Weiher. Das muß die unberechenbaren Wesen verstimmt haben, denn seither haben sie sich nie mehr blicken lassen.

Der schwarze Hund von Percha

Auf der alten Würmbrücke von Percha, so erzählte mir ein greiser Bürger des Ortes, soll es noch vor einigen Jahrzehnten gespukt haben. Wie ihm sein Vater glaubhaft versichert habe, sei jeweils um Mitternacht ein übergroßer, kohlschwarzer Pudel mit feurigen Augen dort erschienen. Und er habe eine lange Kette rasselnd hinter sich hergeschleift.

Dieser Geisterhund soll sich nun jeweils mitten auf die Brücke gestellt haben und jedem, der noch hinüberwollte, dies mit drohendem Geknurr verwehrt haben.

Niemand konnte daher, wenn die Glocken die zwölfte Stunde verkündet hatten, über den Fluß. Das war vor allem für die späten Zecher in den Wirtshäusern hinderlich. Sofern sie auf der anderen Würmseite wohnten, mußten sie sich beeilen, noch rechtzeitig vor Mitternacht über die Brücke zu gelangen. Sonst konnte es ihnen geschehen, daß sie in der Herberge übernachten mußten oder einen sehr weiten Umweg in Kauf zu nehmen hatten.

Seit längerer Zeit ist der Geisterpudel nun nicht mehr gesehen worden. Vielleicht, weil mehrere Brücken über die Würm gebaut wurden und er doch nicht alle bewachen konnte.

Die Schloßfräulein vom Karlsberg

In der Ruine des Schlosses auf dem Karlsberg soll sich, so wissen die Alten zu erzählen, ein gewaltig großer Reichtum befinden. Irgendwo im verfallenen Kellergewölbe, niemand kennt den genauen Ort, stehen, wie man sagt, drei alte, eiserne Truhen. Jede von ihnen ist bis zum Rand mit Schätzen angefüllt. In der ersten sind lauter Kupferpfennige, die zweite enthält seltene, wertvolle Perlen und die dritte ist voll mit Edelsteinen von sagenhafter Schönheit.

Schon oft haben Glücksritter versucht, die Truhen zu finden. Sie mußten jedoch immer unverrichteter Dinge wieder abziehen. Entweder hatten sie sich in dem verzweigten Gemäuer hoffnungslos verirrt oder sie wurden so lange von einem bösen Spuk genarrt, bis sie vor Angst das Weite suchten. Dieser Schatz wird, so heißt es, von drei wunderschönen Fräulein bewacht. Sie sind durch einen Zauber dazu verdammt, so lange dort auszuharren, bis es jemandem gelingt, sie zu befreien. Seit Jahrhunderten warten sie nun schon Jahr um Jahr auf ihre Erlösung.

Es war an einem Weihnachtsabend vor mehr als fünfundsiebzig Jahren, da ging ein Knecht, der in der Oberen Mühle bei Leutstetten im Würmtal diente, über den Karlsberg zur Christnachtfeier. Als er in die Nähe des alten Schlosses kam, erblickte er auf einmal drei wunderschöne Fräulein, die helle Lichter in ihren Händen trugen und leise sangen. – Sie waren gar seltsam anzusehen: Zwei von ihnen waren so groß, wie wir Menschen. Sie waren ganz in flatternde, weiße Gewänder gehüllt. Die dritte

aber, die in der Mitte ging, war nur vom Kopf bis zum Gürtel weiß. Von da an war sie schwarz wie die Nacht, die sie umgab. Und es schien, als schwebe ihr halber Körper ohne Beine des Weges daher.

Der Mühlknecht war vor Schrecken ganz versteinert und verharrte wie angewurzelt an der Stelle, an der er sich gerade befand. Da näherten sich ihm die drei seltsamen Gestalten und die halb weiße, halb schwarze sprach mit einer feinen, hohen Stimme:

»Wir sind die Fräulein vom Schloß. Ein böser Fluch hält uns dort gefangen und zwingt uns, die Schätze im Keller zu bewachen. Nur einmal im Jahr, in der Heiligen Nacht, dürfen wir es verlassen und um Hilfe bitten. Wenn du uns befreist, dann wollen wir dich so reich machen, wie einen König! Willst du uns retten?«

Der Mühlknecht nickte stumm, denn er wagte nicht, »nein« zu sagen, aus Angst, die Geister könnten ihm etwas antun. Da freuten sich die weißen Fräulein und führten ihn zum alten Schloß. – Sie gingen durch verwilderte Parkanlagen, durch halbverfallene Gewölbe und über unkrautüberwucherte Mauerreste. Endlich blieben sie vor einer rostigen, dicken Bohlentüre stehen, die er noch nie gesehen hatte. Wieder nahm die halb weiße, halbe schwarze Gestalt das Wort und sagte:

»Wenn du uns erlösen willst, mußt du durch diese Pforte treten. Du wirst dann an neun verschlossene, eiserne Türen kommen. Durch sie mußt du hindurchgehen. Hinter jeder einzelnen lauern böse Geister auf dich, die dich abhalten und ängstigen wollen. Doch sei ohne Furcht. Sie können dir nichts anhaben und alles ist nur Blendwerk. Wenn du den Mut nicht verlierst und alle Tore durchschreitest, kommst du in das Gemach, in dem die Truhen stehen. Sobald du ihre drei Deckel geöffnet hast, ist der Zauber gebannt und wir sind befreit. Zum Dank soll dir dann dieser ganze Schatz gehören.«

So sprach das Geisterfräulein und zog sich mit ihren beiden Begleiterinnen etwas zurück, um ihm freie Bahn zu lassen. – Der Mühlknecht legte mutig die Hand an den Griff der Türe und versuchte, sie zu öffnen. Da vernahm er mit einem Mal ein grauenvolles Stöhnen dahinter, so furchterregend, wie es aus keines Menschen Mund kommen konnte. Der Bursche, der sonst recht tapfer war, wurde weiß wie ein Leintuch und es lief ihm der Schreck in eiskalten Schauern über den Rücken. Da verzichtete er lieber auf den versprochenen Schatz, um sich nicht den Gefahren ausliefern zu müssen, die hinter der Türe auf ihn lauerten.

Er wandte sich um und jagte wie von Furien gehetzt den Schloßberg hinunter. Hinter sich vernahm er die wehklagenden Rufe der um ihre Befreiung betrogenen Fräulein. Doch er hielt nicht inne und schaute nicht zurück. Erst als er in der Mühle angelangt war, wo er sich sicher fühlte, schöpfte er Atem.

Niemals aber konnte er vergessen, was er auf dem Karlsberg gehört und gesehen hatte. Noch oft vernahm er die weinenden Stimmen der Verzauberten, wagte sich jedoch nie mehr in die Nähe des Schlosses.

Der Petersbrunnen von Leutstetten

Vom Petersbrunnen in Leutstetten sagt man, daß er eine Heilquelle ganz besonderer Art sei. Sein Wasser sei nicht nur gut bei Hautkrankheiten, Geschwüren, offenen Wunden, Verrenkungen, Gicht oder Rheumatismus. Laut Friedrich Panzer hat es damit auch folgende Bewandtnis:

»Im Umkreis von zwei bis drei Stunden holten einige Leute Wasser vom Petersbrunnen bei Leutstetten in Oberbayern. Sie besprengten damit den Flachs, wenn der Same etwa fingerlang aufgegangen war; das schützte ihn vor Erdflöhen. Andere füllten kleine Fässer mit Peterswasser und benetzten damit den Kohl, wodurch der grüne Wurm abgehalten wurde.«

Der Brunnen in Ried

In Ried bei Petersbrunn in Leutstetten befindet sich ein sehr, sehr tiefer Brunnen. Er ist, laut Sage, so unergründlich, daß man das Aufschlagen eines hineingeworfenen Steines nicht mehr vernehmen kann. An manchen Tagen soll man in der Tiefe einen Hahn krähen hören.

Das Bumperhölzl

Das »Bumperhölzl« ist ein kleines Waldstück im Würmtal und liegt in der Nähe von Gauting. Alte Leute, die
als Kinder in den Bauernhöfen der Umgebung wohnten
und auf ihrem Schulweg daran vorbeigehen mußten, wissen zu erzählen:

Bei Dämmerung oder gar bei Dunkelheit wollte niemand in die Nähe des unheimlichen »Bumperhölzls« kommen. Alle fürchteten sich, weil dort der Geisterhund
hauste. Er hatte riesige Augen, die wie rotglühende Teller
aussahen.

Späte Wanderer, die durch seinen Wald gingen, verfolgte er wütend und verjagte sie mit seinem schaurigen
Gebell, das man weit durch die Nacht hören konnte.

Die drei Küsse

An einem schönen Sommerabend vor mehr als hundert-
fünfzig Jahren, ging einmal der Knecht eines Bauern von
Leutstetten auf den Karlsberg, um dort Nüsse zu pflücken.
Die Dunkelheit war schon hereingebrochen und er befand
sich ganz alleine im Wald. Aber er fürchtete sich nicht,
denn er war ein mutiger, junger Mann.

Die Hälfte des Weges hatte er schon hinter sich, da kam ihm auf einmal eine Gestalt entgegen. Er blieb stehen und sah, daß es ein wunderschönes Mädchen war. Sie hatte ein zartes, liebliches Gesicht mit zwei kohlschwarzen Augen und lange, lockige Haare. Gekleidet war sie in ein eigenartiges, wallendes Gewand aus feuerrotem Stoff.

Der Bursche wunderte sich, daß sie so allein und ohne Schutz durch den dunklen Wald ging und bot ihr freundlich seine Begleitung an. Da lächelte sie geheimnisvoll und erlaubte ihm, ein Stück des Weges mit ihr zu kommen. Freudig wanderte er neben der schönen Fremden her und schaute sie immer wieder verstohlen von der Seite an. Und je öfter er sie ansah, desto besser gefiel sie ihm.

Als sie auf einer kleinen Lichtung angelangt waren, hielt er es nicht mehr länger aus und sagte:

»Du bist so schön, so wunderschön, daß ich dich auf der Stelle küssen möchte!«

Und wieder lächelte das unbekannte Mädchen geheimnisvoll und sprach:

»Wenn es dir gelingt, mir drei Küsse zu geben, dann will ich dich so reich machen, daß du für dein ganzes Leben genug hast.«

Da freute sich der junge Mann, denn es schien ihm ein Leichtes, ein so schönes und freundliches Mädchen zu küssen. – Er nahm sie sogleich in die Arme und gab ihr einen herzhaften Kuß. Dann lachte er glücklich und machte sich daran, die Aufgabe, die sie ihm gestellt hatte, weiter zu erfüllen. Doch gerade, als er den zweiten Kuß auf den lieblichen Mund drückte, verwandelte sich die Unbekannte in eine scheußliche Schlange, die ihm giftig entgegenzüngelte. Mit einem lauten Schreckensschrei ließ er sie fallen. Er hatte sein Entsetzen noch nicht überwunden, da stand mit einem Mal anstatt der Schlange der Leibhaftige selbst vor ihm, grinste höhnisch und verlangte den dritten Kuß.

Den armen Burschen schüttelte das Grauen und die Haare sträubten sich ihm einzeln auf dem Kopf. Er drehte sich um und stolperte so schnell er konnte durch den Wald davon. Da bekam er von unsichtbarer Hand eine tüchtige Ohrfeige, die ihn beinahe zu Boden warf. Als er aufblickte, sah er plötzlich wieder das wunderschöne Mädchen vor sich stehen. Sie blickte ihn zürnend an und sagte:

»Du bist ein elender Feigling! Und weil du dein Wort nicht gehalten hast und mich nicht dreimal geküßt hast, sollst du auch nichts bekommen.«

Mit diesen Worten verschwand sie, er wußte nicht wohin. Er aber lief aus dem Wald heraus, als wären Furien hinter ihm her und war froh, mit heiler Haut entkommen zu sein. Nie mehr in seinem Leben setzte er bei Dunkelheit einen Fuß auf den Karlsberg.

Die betenden Schwestern

Auf einem Bild an der Südwand der Kirche von Leutstetten sind drei Jungfrauen dargestellt. Jede von ihnen hat eine Krone auf dem Haupt und in der rechten Hand einen Zweig. Die mittlere trägt außerdem ein Buch, die beiden anderen jeweils einen Pfeil. Darüber steht geschrieben: S. Ainpet, S. Gberpet, S. Firpet.

Von diesen drei Jungfrauen berichtet die Sage, daß sie einst aus dem Westen, wo ihnen die Völker keinen Frieden gewährt hatten, ins Würmtal gekommen seien. In der Nähe von Leutstetten bauten sie sich mit Hilfe von Einheimischen eine kleine Klause. Jede hatte darin ein Kämmerchen mit eigenem Eingang, denn jede wirkte für sich.

Die Legende berichtet weiter, daß die drei Fremden sehr mildtätig gewesen seien und dem Volke viele Wohltaten erwiesen hätten. Sie lehrten das Wort Gottes, kümmerten sich um Arme und Kranke, lebten selbst aber nur von Wurzeln und Kräutern und den milden Gaben der Leute.

Eines Tages nun drang schlimme Kunde aus dem Morgenland in das friedliche Würmtal. Wilde Krieger begannen in der Gegend umherzuschwärmen. Sie beraubten und mißhandelten die Menschen, die das Unglück hatten, ihnen zu begegnen.

Da verließen die drei Jungfrauen ihre Zufluchtsstätte und wanderten wieder fort, denn sie verabscheuten nichts mehr als Unfrieden. Die Leute im Würmtal aber gedachten noch lange ihrer Wohltäterinnen und bauten an Stelle ihrer Klause eine kleine Kapelle.

Bis ins 18. Jahrhundert, so wird erzählt, machten Frauen, die ein Kind erwarteten, Wallfahrten dorthin, legten kleine Wiegen aus Holz, Wachs oder Silber vor den Jungfrauen nieder und baten um Hilfe in ihrer schweren Stunde.

Die Kapelle steht nicht mehr und keine Spur ist mehr von S. Ainpet, S. Gberpet und S. Firpet geblieben, als das alte Bild in der Kirche von Leutstetten.

Herzog Sigismund und der Bär

Der Königswieser Forst im Würmtal war neben dem Forstenrieder Park eines der beliebtesten Jagdreviere der bayerischen Herzöge und Kurfürsten. So eine Jagd war eine ungemein kostspielige Angelegenheit und nur sehr reiche Adelige konnten sich dieses Vergnügen leisten. Man benötigte oft bis zu 1200 Treiber, 270 berittene Jäger, 120 dressierte Hunde und eine Unzahl anderer Hilfsmittel, wie Netz-, Feder- und Schirmwagen, sowie Hirschkästen, Käfige und Bagagewagen.

Es wurde dem Rot- und Schwarzwild, bestimmten Vogelarten und gefährlichen Bären, die in den ausgedehnten Wäldern hausten, mit großer Begeisterung nachgestellt.

Einst hielt Herzog Sigismund, der wie sein Bruder Christoph im Rufe stand, ungeheuer stark zu sein, wieder einmal eine Hofjagd ab. Den ganzen Tag über hetzte die fröhliche Gesellschaft dem edlen Wild nach und hatte schon manch schöne Beute gemacht. Als der Abend hereinbrach, schlug man in der Nähe von Königswiesen das Nachtlager auf.

Am lustig flackernden Feuer wurde ein Teil der erlegten Tiere gleich zubereitet. Die Waidmänner schmausten und tranken, erzählten sich Jagdgeschichten und Abenteuer und verbrachten so einen angenehmen Abend. Zu später Stunde begaben sie sich dann in ihre Zelte, um für den nächsten Tag wieder neue Kampfkraft zu schöpfen. Auch Herzog Sigismund legte sich zur Ruhe nieder.

Er hatte noch kaum ein Auge geschlossen, da brach im Lager mit einem Mal ein ohrenbetäubender Lärm los. Waffen klirrten, aufgeregte Menschen rannten laut schreiend durcheinander und dazwischen konnte man ein dumpf grollendes Gebrumm vernehmen.

Plötzlich riß ein Knappe den Vorhang am Zelt des Herzogs beiseite und rief mit vor Entsetzen ganz heiserer Stimme:

»Herr, kommt schnell, ein riesiger Bär verwüstet das Lager!«

Herzog Sigismund hatte sich noch nicht ganz von seiner

Liegestatt aufgerichtet, da erblickte er auch schon den angekündigten Meister Petz, der mit zottigem Haupt neugierig durch den Eingang hereinlugte. Es war wahrhaftig ein Prachtexemplar von einem Braunbären, das sich da unwillig brummend ins Zelt schob.

Sofort sprang Sigismund auf und stellte sich dem Eindringling in den Weg, waffenlos, wie er war. Er packte ihn mit seinen bloßen Händen und rang mit ihm. Der Knappe und die anderen Umstehenden waren vor Schrekken wie erstarrt, als sie das sahen. Sie hörten die beiden Kämpfer keuchen und Knochen knacken und sie wußten nicht, ob es die des Herzogs oder die des Untieres waren. Endlich gab sich der Bär, der den schlauen Finten des Menschen nicht gewachsen war, geschlagen und trollte sich, unmutig brummend, von dannen.

Schwer atmend wischte sich Sigismund den Schweiß von der Stirne und sprach zu den Anwesenden:

»So, der wäre draußen, da könnte ja jeder kommen!«

Er scheuchte seine jubelnden Leute hinaus und begab sich zur Ruhe, als wäre nichts geschehen.

Der treulose Hofmeister

König Pippin, der Jüngere, der Vater Karls des Großen, residierte einst auf einem seiner Schlösser, das in der Nähe von Freising auf dem Weihenstephaner Berg lag. Da kamen Gesandte aus Frankreich zu ihm, die von Graf Leon von Kärlingen – der heutigen Bretagne – geschickt waren und ihm dessen Tochter Berta als Gemahlin anbieten sollten.

Pippin war nicht abgeneigt, sich mit diesem mächtigen Fürstenhaus zu verbinden, insbesondere als er ein Bild der Prinzessin sah. Sie war darauf mit ihrem lieblichen Gesicht und der zarten, anmutigen Gestalt so reizend dargestellt, daß er sie gleich in sein Herz schloß. Voll Freude zeigte er seinem Hofmeister das Gemälde und befahl ihm, sich sofort auf den Weg zu machen, die schöne Braut abzuholen und zu seiner Residenz zu geleiten, wo die Hochzeit stattfinden sollte.

Dieser Mann, der Vertraute des Herrschers, aber war ein treuloser Schurke. Als er nämlich das Bild Bertas sah, erkannte er die große Ähnlichkeit, die sie mit seiner eigenen Tochter hatte. Da erwachte ein schlimmer Gedanke in seiner Brust. Er beschloß, sich der fremden Prinzessin zu entledigen und statt ihrer sein Kind mit dem König zu vermählen.

Mit diesem finsteren Plan im Herzen reiste er ins Kärlingerland und nahm dort die Braut in Empfang. Sie war noch sehr jung, doch schön wie der lichte Tag. Ihr gütiges Wesen und ihre Tugend wurden im ganzen Reich gepriesen.

Der Hofmeister überreichte ihr feierlich einen herrlichen Diamantenring, den ihr der König als Zeichen ihrer
Verlobung schenkte. Dann verabschiedete sich das Mädchen weinend von ihren Eltern und folgte dem Gesandten
ihres Bräutigams in die unbekannte Zukunft. Außer ihrer
Mitgift nahm sie nur ihr Lieblingshündchen und ihre
Handarbeitsachen mit. Sie war nämlich sehr geschickt in
feinen Nadelarbeiten und fertigte in ihren Mußestunden
gern schöne Dinge an.

In einem prachtvollen Zug wurde nun die Prinzessin in
das Land Pippins geleitet. Als sie nur noch etwa eine Ta-
gesreise von dessen Schloß entfernt war, hielt der Hofmeister die Zeit für gekommen, seinen verwerflichen Plan
in die Tat umzusetzen. Er ließ deshalb das Lager für die
Nacht inmitten einer wilden, dicht bewachsenen Gegend
zwischen Amper und Würm aufschlagen. Darauf wartete
er, bis sich alle zur Ruhe gelegt hatten und rief dann heimlich zwei Knechte zu sich, die ihm blind ergeben waren. Er
befahl ihnen, die Braut des Königs unbemerkt in den Wald
zu entführen und sie dort zu töten.

Sogleich machten sich die beiden an die Ausführung des
finsteren Werkes. Sie schlichen sich in das Zelt der Prinzessin, von dem der Hofmeister vorsorglich die Wachen
entfernt hatte, bemächtigten sich des ahnungslosen Mäd-
chens und schleppten es in ein dichtes Gebüsch, weit vom
Lager entfernt. Dort zog einer der Knechte seinen Hirsch-
fänger und wollte ihn der Unglücklichen ins Herz stoßen.
Sie aber warf sich auf die Knie und rief flehentlich:

»Was habe ich Euch getan, Ihr Herren, daß Ihr mir ans
Leben wollt? Ich bitte Euch um aller Heiligen willen, laßt
mich frei! Stoßt mich nicht in die Nacht des Todes. Ich
fürchte mich so sehr davor!«

Und sie weinte, daß ihr die Tränen in hellen Bächen über die Wangen rannen.

Da wurden die rauhen Knechte von ihrer Jugend und ihrer Schönheit so gerührt, daß sie sich ihrer erbarmten und es nicht über sich brachten, sie zu töten. Und einer von beiden sprach:

»Wir wollen Euch verschonen, doch müßt Ihr uns bei Gott und Eurer Ehre schwören, daß Ihr nie, hört Ihr, niemals versuchen werdet, in Eure Heimat zu gelangen. Auch darf kein Wort je über Eure Lippen kommen über das, was hier geschehen ist, noch welchen Standes und welcher Abkunft Ihr seid. Nur unter diesen Bedingungen können wir Euch das Leben schenken.«

In ihrer Herzensangst versprach Berta alles, was sie verlangten. Da töteten die Knechte an ihrer Stelle das kleine Hündchen, das als einziges den Raub bemerkt hatte und seiner Herrin nachgelaufen war. Sie tauchten eines ihrer Kleidungsstücke in sein Blut und brachten es, ebenso wie die Zunge des Hündchens, dem Hofmeister als Beweisstücke dafür, daß sie die aufgetragene Tat vollbracht hätten.

Voll Freude hüllte der treulose Mann daraufhin seine eigene Tochter, die von seinem Weibe heimlich zu diesem Ort gebracht worden war, in die prachtvollen Gewänder der Prinzessin und führte sie dann Pippin dem Jüngeren als Gemahlin zu. Diesem schien die Braut zwar nicht so schön zu sein, wie es das Bild versprochen hatte, doch er wollte sein Königswort nicht brechen und verheiratete sich alsbald mit ihr.

Inzwischen verbarg sich die unglückliche Berta in den dunklen Wäldern. Sie fürchtete, die Knechte könnten doch noch anderen Sinnes werden und sie trotz ihres Versprechens töten. Als aber der Hunger unerträglich wurde, verließ sie ihr Versteck und versuchte, Menschen zu finden. Verzweifelt irrte sie in der Wildnis umher. Nach einigen Tagen, während derer sie sich nur von Beeren und Wurzeln ernährt hatte, gab sie die Hoffnung auf, jemals wieder aus diesem undurchdringlichen Baumgewirr herauszukommen. Völlig erschöpft kauerte sie sich am Fuße eines Baumes nieder und schlief ein.

So fand sie ein armer Köhler, der in dieser Gegend arbeitete. Sanft weckte er das schöne Mädchen und fragte:

»Was tut Ihr hier so alleine mitten im Wald? Fürchtet Ihr Euch denn nicht vor den wilden Tieren und habt Ihr niemanden, der Euch beschützt?«

Sie aber antwortete nicht auf seine Fragen, weil ja der geleistete Eid ihre Lippen band. Doch sie bat den gutmütigen Mann inständig, sie zu Menschen zu bringen, bei denen sie leben könne.

Da führte er sie zu einer Mühle, die in der Nähe einer Ortschaft namens Gauting gelegen war und die »Reismühle« genannt wurde. Den Müller, der ein guter Bekannter von ihm war, bat er, der Fremden Obdach zu gewähren. Dieser war sehr erstaunt über die schöne Unbekannte mit den feinen Zügen und der vornehmen Art. Er stellte jedoch keine neugierigen Fragen und ließ sie bleiben.

Und er sollte es nie bereuen, sie aufgenommen zu haben. Aus Dank für den Schutz, den er ihr in seinem Hause gewährte, fertigte sie ihm wunderschöne Gegenstände aus Seide und Goldgewirk an, wie sie es am Hofe ihres Vaters gelernt hatte.

Der Müller konnte diese kostbaren Handarbeiten in Augsburg, wo er einen Freund hatte, für gutes Geld verkaufen und wurde ein reicher Mann. Manchmal wollte ein Kunde verwundert wissen, woher er denn diese herrlichen Stickereien, die im ganzen Land nicht ihresgleichen hatten, beziehe. Er verweigerte jedoch immer die Antwort, hüllte sich in geheimnisvolles Schweigen und benahm sich so abweisend, daß ihn bald niemand mehr zu fragen wagte. Und er behandelte Berta gut, wenngleich sie aus Bescheidenheit nicht mehr für ihre Arbeit verlangte, als Kleidung und Nahrung.

So verging die Zeit, Tage wurden zu Monaten und Monate zu Jahren. Es währte an die sieben Jahre, daß die Prinzessin bei dem Müller als Magd diente.

Da geschah es, daß König Pippin einst auf der Jagd durch diese Gegend ritt. Er kam in den undurchdringlichen Wäldern vom Weg ab und verlor sein Gefolge. Nur sein treuer Freund, der ein berühmter Gelehrter, Arzt und Sterndeuter war, sowie ein Knecht, waren noch bei ihm. Die Dunkelheit brach herein und der König glaubte schon, unter den Bäumen nächtigen zu müssen.

Nun wollte es der Zufall, daß die Verirrten vom gleichen Köhler gefunden wurden, der auch Berta einst aus dem Walde geführt und gerettet hatte. Dieser brave Mann brachte sie zur Reismühle, wo sie Unterkunft fanden und sich stärken konnten. Als die Sterne am Himmel aufzogen, ging der Freund des Königs hinaus, um sie nach der Zukunft zu befragen. Kopfschüttelnd kehrte er nach einiger Zeit zurück und sagte zu Pippin:

»Herr, die Gestirne verkünden, daß Ihr noch diese Nacht von Eurer Gemahlin einen Sohn gewinnen werdet, vor dem alle Christenkönige und Heidenkönige sich beugen werden.«

Erstaunt und ungläubig fragte der König, wie denn das

geschehen könne, da doch seine Gattin meilenweit von ihm entfernt sei. Der Gelehrte wußte es nicht zu sagen und ging deshalb nochmals hinaus, um in den Sternen zu lesen. Aber wieder bekam er die gleiche Antwort. Und er sagte:

»Herr, im Himmel steht es geschrieben, daß Ihr noch diese Nacht bei derjenigen sein werdet, die Eure rechte Gemahlin ist und schon lange war.«

Da wandte sich der König an den Müller und fragte ihn, wer außer ihm und den Seinen das Haus noch bewohne. Lange zögerte der gute Mann, doch dann gestand er, daß eine wunderschöne Fremde unter seinem Dache weile, die auf gar merkwürdige Art und Weise vor etwa sieben Jahren zu ihm gekommen sei.

Sofort befahl Pippin, dieses Mädchen herbeizuholen. Und als er Berta gegenüberstand, erkannte er zu seiner höchsten Verwunderung, daß sie mehr als seine angetraute Frau dem Bild der Prinzessin glich, das der Graf von Kärlingen einstens gesandt hatte. Er bestürmte die Erschrockene mit Fragen über ihre Herkunft und ihre Geschichte. Sie aber schlug die Hände vors Gesicht und weinte.

Da gewahrte er an ihrem Finger den Ring, den er vor sieben Jahren seiner Verlobten geschickt hatte und von dem seine Frau immer behauptete, sie habe ihn verloren. Er erkannte in Berta seine rechtmäßige Gemahlin. Voll Freude umarmte und küßte er sie und beide waren glücklich, einander endlich gefunden zu haben. Als der König jedoch wissen wollte, wie es gekommen sei, daß er die falsche Braut geheiratet habe, da weinte sie wieder und bat ihn inständig, ihr darüber niemals Fragen zu stellen, weil ein heiliger Eid ihre Lippen versiegle.

Sie verbrachten einige glückliche Tage in der Mühle, doch dann mußte Pippin wieder scheiden, weil er mit einem Nachbarvolke in Fehde lag. Er rief den Müller zu sich und sagte:

»Ich muß ins Feld ziehen gegen die Sachsen. Solange ich im Krieg bin, vertraue ich dir meine Gattin an. Achte und beschütze sie. Und wenn sie mir ein Kind bringt, dann sende mir Nachricht: einen Pfeil, so es ein Knabe, eine Spindel, so es ein Mädchen ist.«

Nachdem der König dies gesprochen hatte, nahm er wehen Herzens Abschied von der Prinzessin und machte sich auf den Weg.

Er rüstete einen großen Feldzug aus. Zur Verzierung für sein Zelt erstand er eine herrliche Stickerei, die ihm Augsburger Händler anboten. Noch nie hatte er eine feinere Arbeit gesehen. Als er sie jedoch näher betrachtete, erschrak er bis ins Herz. Er erkannte darauf Berta, seine rechtmäßige Gemahlin, und seinen Hofmeister. Ohne es zu wissen, hatte er ein Werk der Kärlinger Prinzessin erstanden, das sie in der Mühle angefertigt hatte. Sie hatte darauf ihre ganze Geschichte dargestellt. In mehreren Bildern erzählte sie, wie der Hofmeister sie auf der Burg ihrer Eltern abgeholt, wie er sie den beiden Knechten ausgeliefert, und wie diese das Hündchen an ihrer Stelle getötet hatten.

So kam die schurkische Tat des treulosen Hofmeisters an den Tag, ohne daß die Prinzessin ihren Eid gebrochen hatte. Es war ja kein Wort über ihre Lippen gekommen.

Der König geriet in fürchterliche Wut über dieses ruchlose Verbrechen. Sofort ließ er die Knechte kommen, die auf den Bildern dargestellt waren. Und er bedrohte sie mit dem Tode für den Fall, daß sie nicht sagen wollten, was sich damals zugetragen hatte. Da fielen sie auf ihre Knie nieder und bekannten alles.

42

Hierauf rief Pippin seinen Hofrat zusammen, dem auch der Hofmeister angehörte. Er erzählte von dem Verbrechen, das an der Fürstentochter verübt worden war, ohne jedoch Namen zu nennen. Zum Schluß wandte er sich an den Hofmeister und sprach:

»Sag an, du treuer Diener, was soll mit demjenigen geschehen, der eine solche schlimme Missetat auf dem Gewissen hat?«

Da wurde dieser weiß wie die Wand und wußte keine Antwort, denn er wollte sich nicht selbst verdammen. Die Räte aber, vor denen ihn der König daraufhin, vor Empörung zitternd, anklagte, verurteilten ihn einstimmig zum Tode. Und nun brach das Strafgericht über den Hofmeister und seine Familie herein:

Der Ehrlose wurde hingerichtet. Sein Weib, die Mitschuldige seines Verbrechens, wurde lebendig eingemauert und die falsche Königin warf man in ein tiefes Verließ, wo sie bald danach vor Gram starb. Die beiden Knechte aber, die das Leben der Prinzessin geschont hatten, wurden reich belohnt.

Nachdem dies geschehen war, zog der König ins Feld, wo er fast ein Jahr gegen die Sachsen kämpfen mußte, bis er sie besiegt hatte. Auf dem Heimweg in sein Reich kam ihm der Müller von der Reismühle entgegen und überbrachte ihm lächelnd eine Pfeilspitze. Da wußte Pippin, daß er Vater eines Knaben geworden war. Voll Freude brach er mit seinen Edlen auf, um seine Gemahlin und seinen Sohn auf sein Schloß zu holen.

Unter großem Jubel wurde die echte Königin sodann in Weihenstephan gekrönt und das Kind auf den Namen Karl getauft. Dieser Sohn Pippins wurde als Carolus Magnus einer der größten Herrscher des Abendlandes.

Die Hexenprobe von Stockdorf

Es heißt, daß man erkennen kann, wer eine Hexe ist, wenn man sich einen Schemel aus dem Holz von neun verschiedenen Bäumen fertigt. Folgende Arten soll man dazu verwenden: Eibe, Lärche, Föhre, Fichte, Tanne, Latsche, Zirbel, Sandel und Wacholder. Alle diese Hölzer müssen in der Walpurgisnacht gesammelt und in der Thomasnacht zugeschnitten werden. Dabei darf man sich nur der linken Hand bedienen. Wenn man nun in der Christmette durch das Handloch des selbstgefertigten Schemels schaut, so kann man sehen, wer von den Kirchenbesucherinnen eine Hexe ist.

Anfang des vorigen Jahrhunderts diente einmal der Sohn eines Schullehrers von Schöngeising als Knecht bei einem Bauern in Stockdorf an der Würm. Er hatte von seinem Vater von der Bewandtnis des Schemels aus neunerlei Holz gehört. Da packte ihn die Neugier und er wollte wissen, ob im Dorf eine Hexe sei. Deshalb fertigte er unter vielen Mühen dieses Möbelstück an und nahm es am folgenden Weihnachtsfest in die Christmette mit.

Nahe am Eingang der Kirche kniete er sich nieder und harrte der Dinge, die da kommen sollten. Als das Glöcklein endlich die Wandlung einläutete, nahm er den Schemel und blickte durch das Handloch.

Da sah er in den vorderen Reihen neun Hexen. Sie knieten verkehrt in den Bänken und machten das Kreuzzeichen höhnisch auf dem Rücken statt vorne. Und alle hatten sie an Stelle von Hauben alte Bienenstöcke auf den Köpfen, in denen Hühner brüteten.

Sieben dieser Frauen waren schon immer in dem Ruf gestanden, Hexen zu sein, von zweien jedoch hatte man es noch nicht gewußt. Mit wilden Augen blickten die Entlarvten den erschrockenen Burschen an. Aber so sehr sie sich auch bemühten, sie konnten ihn nicht erkennen, weil sein Gesicht durch den Schemel völlig verdeckt war.

Nachdem er gesehen hatte, was er wollte, packte der vorwitzige Bursche das Stühlchen und stürzte damit zur Kirchentüre hinaus. So schnell er konnte, lief er in den heimatlichen Hof und verbrannte dort das verräterische Möbelstück.

Nun konnten ihm die Hexen, die bis zum Ende der Wandlung in der Kirche verharren mußten, nichts mehr anhaben. Sie konnten ja nicht mehr feststellen, wer durch den Schemel geschaut hatte. Hätte er nicht so rasch gehandelt, dann hätten sie ihn vor dem Gotteshaus in der Luft zerrissen.

Die Mäuseplage von Krailling

Vor mehr als 200 Jahren wurde Krailling einmal von einer schrecklichen Mäuseplage heimgesucht. Die kleinen Tiere traten in solchen Mengen auf, daß die Menschen sich ihrer nicht mehr erwehren konnten. Zu Hunderten saßen sie in den Feldern und benagten die Wurzeln der Getreidehalme, so daß diese kein Wasser mehr bekamen und zugrunde gingen. Sie fraßen die Rüben und Kartoffeln an und verursachten dadurch einen ungeheuren Schaden auf den Äckern und Fluren.

Aber sie wüteten nicht nur auf den Feldern. Auch in den Häusern der Bauern war nichts vor ihren gefräßigen Mäulern sicher. Die Leute mußten angeknabbertes Brot, halb gefressenen Käse und angebissene Äpfel essen. Die Mäuse verschonten nicht einmal die Möbel und nagten Tischbeine, Stühle und Schränke an. Die Katzen des Ortes, die schon zu anderen Zeiten genug zu tun hatten, wurden der Unzahl von Mäusen nicht mehr Herr.

In ihrer Not stellten die Kraillinger so viele Fallen auf, wie sie auftreiben konnten und streuten vergifteten Weizen. Sie setzten auf den Balg jeder erlegten Maus einen Preis aus, so daß alle Jagd auf die Tiere machten.

Aber es nützte nichts. Es schien vielmehr, als kämen für jede getötete Maus hundert neue hinzu.

Als schon die gesamte Ernte zugrunde zu gehen drohte und sie keinen Ausweg mehr sahen, erinnerten sich die Kraillinger der Schutzpatronin ihrer Kirche, der hl. Margareta. Sie hielten eine Bittprozession über die gefährdeten Fluren ab und gelobten feierlich, diesen Gang jedes Jahr zu wiederholen, wenn durch ihre Fürsprache die schreckliche Plage von ihnen genommen würde. Und die hl. Margareta half.

Die dankbaren Kraillinger haben niemals ihr Gelübde gebrochen, wenn die Zeiten auch noch so schwer waren. Jedes Jahr am dritten Sonntag im Juli halten sie die Margaretenprozession ab.

Maria Eich

Maria Eich ist ein idyllisch gelegener Wallfahrtsort nahe Planegg im Würmtal. Über seine Entstehung erzählt man sich folgende Sage:

Einst veranstaltete Kurfürst Max III. eine Jagd im Kreuzlinger Forst. Alle seine Hofleute nahmen daran teil. Und weil zur damaligen Zeit durchaus kein Mangel an edlem Wild war, ging es bald hoch her. Es wurde reichliche Beute gemacht. Lustig erschallten die Hörner. Von der Jagdleidenschaft gepackt, setzten Reiter und Hunde den verängstigten Hirschen nach.

Da erblickte der Fürst mit einem Mal einen stattlichen Zwanzigender, der mit kraftvollen Sprüngen davonschnellte. Sofort blies er in sein Horn und galoppierte hinterher. Doch lange Zeit konnten Jäger und Hundemeute das fliehende Tier nicht einholen.

Plötzlich aber machte es vor einer mächtigen Eiche halt, blieb zur größten Verwunderung aller davor stehen und erwartete in majestätischer Ruhe die anstürmenden Verfolger. Als der Kurfürst und seine Leute herangekommen waren, drückte er sich schutzsuchend an den Stamm und blickte in die Äste empor.

Erstaunt folgten ihm aller Augen. Da entdeckten sie oben in der Krone des Baumes eine kleine Statue der Jungfrau Maria.

Max III., ein großer Verehrer der hl. Gottesmutter, war tief gerührt, als er erkannte, wohin sich der gehetzte Hirsch in seiner Not geflüchtet hatte. Daher schenkte er ihm Leben und Freiheit. Später ließ er um die Eiche eine kleine

Kirche bauen, aus deren Dach noch lange Zeit der Baum herausragte.

So berichtet die Sage.

In Wirklichkeit aber bestand Maria Eich schon früher. Zwei Schmiedesöhne aus Planegg hatten einst eine Marienstatue, mit dreifacher Krone und dem Jesuskind im Arm, in die uralte, hohle Eiche gestellt. Sie blieb unbeachtet und die Rinde des Baumes wuchs darüber. Einmal, als eine Dienstmagd aus dem Ort schwer krank wurde, erinnerte sie sich dieses Bildes und gelobte eine Wallfahrt, »kriechend auf den Knien«, wenn sie wieder gesund würde. Da ihr geholfen ward und ebenso einigen anderen Menschen, die um die Hilfe der Himmelsmutter gefleht hatten, stellte man eine kleine, hölzerne Kapelle bei der Eiche auf.

Bei der weithin bekannten Jagd des Kurfürsten Max III. flüchtete sich der gehetzte Hirsch zu diesem Kirchlein und wurde von den Jägern aus Ehrfurcht vor dem Gotteshaus verschont. Ein Bild, das außen an der Kapelle angebracht ist, stellt diesen Vorfall dar. Darunter steht geschrieben:

Ein abgejagter Hirsch in seiner vollen Flucht
hat Schutz und Sicherheit an diesem Ort gesucht.
Und was er hat gesucht, das hat er auch gefunden,
die Jäger haben sich zu seinem Tod verbunden,
der Churfürst selber kommt und sieht das Schauspiel an,
er gibt dem Tiere Schutz und wandte seine Bahn.
O Vater, welcher Preis muß deinen Namen zieren,
der beßte kommt zu dir, bei Menschen und bei Tieren.

Geschehen den 11. Oktober 1775

Die weiße Frau von Seeholzen

Die Hofmark Seeholzen bei Gräfelfing besaß einstmals einen schönen Herrensitz, der schon um 1116 in alten Urkunden erwähnt wurde. Heute ist nichts mehr davon übrig und an seiner Stelle steht das Altersheim St. Gisela.

Das alte Schloß wurde im 18. Jahrhundert abgetragen, weil es baufällig war. Damals hauste nur noch ein greiser, herrschaftlicher Holzhauer als Wärter in dem verfallenden Gebäude. Er hatte sich notdürftig einen Raum im Erdgeschoß bewohnbar gemacht.

Von dieser Ruine erzählt man sich heute noch, daß dort des Nachts oft eine geisterhafte Frau gesehen worden sei. Der alte Wächter will ihr häufig begegnet sein. Sie war von Kopf bis Fuß in weiße Schleier, wie in ein Leichentuch, gehüllt und irrte wehklagend durch das verwahrloste Gemäuer. Dabei benahm sie sich ganz absonderlich und erschreckte zufällige Besucher des Schlosses durch seltsame und merkwürdige Gebärden. Viele, die sie getroffen hatten, wurden in eine so heillose Furcht versetzt, daß sie den Ort nie mehr betraten.

Die Sage berichtet, daß dies der Geist einer ehemaligen Schloßherrin von Seeholzen sei. Sie soll im Dreißigjährigen Krieg, als die Schweden so unmenschlich im Würmtal hausten, auf grausame Weise ermordet worden sein und seither keine Ruhe in ihrem Grabe finden.

Das Gespenst von Lochham

Zwischen Pasing und Lochham, so wird erzählt, kann man in manchen Nächten einen riesigen, feurigen Mann durch den Wald laufen sehen.

Wer sich nicht fürchtet, sich im Gebüsch versteckt und ihn beobachtet, kann wahrnehmen, wie er mit wilden Sprüngen über die alten Hünengräber hinwegsetzt, die sich dort befinden. Manchmal läßt er sich auf einem Baumstumpf nieder und rastet sich aus. Aber nicht lange, dann hetzt er schon wieder weiter, läuft über die Würm, ohne daß er auch nur im geringsten naß wird und verschwindet daraufhin plötzlich am Kreuzweg.

Frau Holle

Ebenso, wie in vielen anderen Gegenden Bayerns, erzählt man auch in Pasing von einer weißen Frau, die zu gewissen Zeiten im Ort erschienen und umgegangen sein soll. Besonders oft wurde sie gesehen, wenn im Dorf ein Fest gefeiert oder Tanzmusik gespielt wurde.

Diese weiße Frau von Pasing, auch Frau Holle genannt, war aber keineswegs ein böser Geist. Sie wird vielmehr als

eine gütige, alte Dame beschrieben, die vor allem Kindern sehr zugetan war. So wurden, laut Sage, die Pasinger Kinder früher am 6. Dezember statt vom Nikolaus von der Frau Holle beschenkt, die ihnen goldene Sägespäne vor die Türen legte.

Das Marterl am Weg

Eine alte Bäuerin aus Pasing erzählte folgendes Erlebnis, das sie in ihrer Jugendzeit hatte.

An einem Tag im November wurde sie einmal in die Stadt München geschickt, um dort auf dem Markt Milch zu verkaufen. Weil der Weg aber recht weit war, fuhr sie bereits in der Nacht los, um am Morgen beizeiten da zu sein.

Sie war schon einige Zeit unterwegs, als sie an einer Straßenkreuzung vorbei kam, an der ein Marterl stand. Als sie es näher anblickte, erschrak sie bis ins Herz, ein so seltsames Schauspiel bot sich ihr dort.

Wie ein Wirbelwind stürmte ein kleines Weiblein hinter dem Kreuz hervor. Es hatte einen funkensprühenden, rotglühenden Mantel um die Schultern und starrte die vor Furcht wie versteinerte Bäuerin aus tellergroßen, feurigen Augen an. Dann begann es sich plötzlich wie ein Kreisel zu drehen, immer schneller und schneller. Es fegte tanzend über Felder und Wiesen hinweg, wie ein brennender Ball, bis es endlich in der Ferne von der Dunkelheit verschluckt wurde.

Seit dieser Begebenheit wagte sich die Erzählerin nie mehr bei Nacht an dem Marterl vorbei und überließ es anderen, die Milch in die Stadt zu bringen.

Fuhrleute, die zwischen Pasing und Laim zu tun hatten, berichteten ebenfalls von gespenstischen Begegnungen. Bei Nacht wurden sie häufig von wilden, feurigen Pferden verfolgt, denen sie nur mit Mühe entkommen konnten. Auch sollen in dieser Gegend, die früher an ausgedehnten, dunklen Wäldern reich war, um Mitternacht des öfteren zwei riesengroße, schwarze Ochsen auf der Straße gestanden sein und sie versperrt haben.

Die Spiegelwiese von Pasing

»Spiegelwiese« hieß früher ein freies Feld in Pasing, das im Norden vom heutigen Bahnhof, im Süden von der Straße nach Landsberg, im Osten von der Bäckerstraße und im Westen von der Würm begrenzt wurde.

Diese Wiese hatte einen unheimlichen Ruf. Niemand wagte es, bei Dunkelheit darüber zu gehen. Man munkelte, daß dann die Hexen dort tanzten und ihre gottlosen Späße trieben. Wer sie dabei störe, der werde nimmermehr froh, wenn er überhaupt mit dem Leben davonkomme.

In manchen Nächten, so wird berichtet, schritten drei

uralte, schwarzverschleierte Frauen über die Wiese, die von drei riesigen, grauen Gespensterhunden begleitet wurden. Ihr Erscheinen war für die Pasinger immer ein untrügliches Zeichen dafür, daß das Wetter schlecht wurde.

Die drei weiblichen Geister waren auch häufig an der Würm zu sehen, dort, wo der Fluß eine Schleife bildet und wo früher das Schloß stand. Sie schwebten an dieser Stelle mit ihren übergroßen Hunden über das Wasser und lösten sich dann auf geheimnisvolle Weise in der Dunkelheit auf.

Heute ist die Spiegelwiese mit hohen Wohnblocks bebaut, die nichts Gespenstisches an sich haben. Seither ist der Spuk verschwunden und die Pasinger müssen sich wieder auf andere Wetterpropheten verlassen und nicht mehr auf die schwarzen Frauen mit den Hunden.

Der Bilwißschneider

In Pasing soll, der Sage nach, oft der Bilwißschneider die Felder der Bauern heimgesucht haben. Er wird als ein dürres, klappriges Gespenst beschrieben, das so scheußlich anzusehen war, daß jeder, der es erblickte, schleunigst das Weite suchte. Um die Schultern hing ihm ein Bocksfell und an den Füßen sollen Sicheln gesteckt sein. Mit diesen durchwatete der schaurige Geist um Mitternacht die wogenden Getreidefelder, zerschnitt sie und verdarb die Ernte.

Natürlich sannen die Bauern auf Abhilfe gegen den Bilwißschneider. So sollen ihn gesegnete Palmzweige, die an
allen vier Ecken eines Feldes in die Erde gesteckt wurden,
abgehalten haben. Auch Zaubersprüche oder ein Schuß,
den der Bauer am Pfingsttag vor dem Aufgang der Sonne
über seine Äcker abgeben mußte, sollen ein wirksamer
Schutz gegen den bösartigen Geist gewesen sein.

Der Glasenbartel mit dem Stein

Der Glasenbartel war ein Bauer, der einst in der Pippinger Gegend lebte. Er war ein reicher und angesehener
Mann. Aber, je mehr einer hat, desto mehr will er haben.
Der Glasenbartel jedenfalls hatte niemals genug. Er wollte
seinen Reichtum vergrößern, ohne sich besonders anstren-
gen zu müssen. Und er hatte auch, wie ihm schien, einen
guten Einfall. Jedes Jahr ging er einmal in einer stock-
dunklen Nacht hinaus auf seine Felder, grub die Grenz-
steine aus und setzte sie ein Stückchen weiter drüben im
Acker seines Nachbarn wieder ein.
Anfangs verrückte er die Steine nur um Handbreite.
Dann aber, als es niemand bemerkte, wurde er dreister und
grub sie eine Elle, zwei Ellen und schließlich sogar fünf
Ellen weiter im angrenzenden Besitz ein. Das war nun
doch zu viel und der geschädigte Nachbar bemerkte den
Betrug. Er stellte den Glasenbartel zur Rede, der aber

leugnete alles ab. Da wandte sich der Nachbar an den Richter, klagte den Bartel an und forderte Gerechtigkeit.

Es fand eine lange Untersuchung statt, bei der die Felder neu vermessen wurden. Nun half dem Bartel alles Lügen nichts mehr. Sein Diebstahl kam ans Tageslicht und er mußte das unrecht erworbene Gut zurückerstatten. Außerdem erhielt er eine harte Geldstrafe und wurde für einige Zeit ins Gefängnis gesperrt.

Aber damit war es noch nicht abgetan. Als nämlich der Glasenbartel lange Jahre nachher starb, konnte er in seinem Grabe keine Ruhe finden. Ein Stein, den er versetzt hatte, war niemals entdeckt worden und er hatte ihn auch nicht angegeben. Das lastete nun schwer auf seiner Seele. Nacht für Nacht erhob er sich aus seinem Grab, um über die Felder zu irren. Er schleppte den schweren Stein in seinen knochigen Händen und rief mit dumpfer, gequälter Stimme:

»Wo soll ich ihn hinsetzen? Wo soll ich ihn hinsetzen?«

Bald wagte sich niemand mehr bei Dunkelheit auf diese Wege, weil man sicher sein konnte, dem schaurigen Geist zu begegnen. Wenn die Pippinger des Nachts ihre Fenster offen ließen, hörten sie aus der Ferne die verzweifelte Frage des Glasenbartels herüberhallen:

»Wo soll ich ihn hinsetzen? Wo soll ich ihn hinsetzen?«

Eines Abends nun, es war schon weit nach dem elften Glockenschlag, da machten sich drei Pippinger Bauernsöhne, vom Alten Wirt in Obermenzing kommend, auf den Heimweg. Weil es so spät war und ihnen das reichlich genossene Bier den Weg schwer machte, entschlossen sie sich, die Abkürzung über die Felder zu gehen. Als es von der Pippinger Kirche her zwölf Uhr schlug, vernahmen sie plötzlich ganz in der Nähe den Ruf des Glasenbartels:

»Wo soll ich ihn hinsetzen? Wo soll ich ihn hinsetzen?«
Zweien von den Bauernburschen lief es vor Schrecken
eiskalt den Rücken hinunter. Ihre Haare sträubten sich vor
Entsetzen. So schnell sie konnten, liefen sie über die Felder davon, die klagende Stimme des Gespenstes noch in
den Ohren. Sie hielten nicht eher inne, als bis sie im Schutz
ihrer Höfe angelangt waren.

Der dritte Bursch aber hatte so viel getrunken, daß er
sich nicht einmal mehr vor Geistern fürchtete. Als der Glasenbartel wieder mit schauriger Stimme fragte:

»Wo soll ich ihn hinsetzen? Wo soll ich ihn hinsetzen?«,
lallte er mit schwerer Zunge:

»Se–setze ihn wie–wieder dort hin, wo d–du ihn her–
hergenommen ha–hast!«

Da tat es einen dumpfen Knall und der Glasenbartel
war verschwunden. Der Bauernbursch schüttelte nur verwundert den Kopf und wankte dann gemächlich nach
Hause.

Seit diesem Tag ist der Glasenbartel nie mehr gesehen
worden.

Die Pippinger Glocke

Mitte des 15. Jahrhunderts holten sich die Bauern von
Pipping einmal eine schöne, neue Glocke für ihre Kirche
aus der nahen Münchnerstadt. So eine Glockenweihe war
immer ein großes Fest für die ganze Gegend. Auch Herzog
Sigismund, der die Kirche hatte bauen lassen, und Herzog
Christoph begleiteten mit ihren Frauen und ihrem Gefolge
den feierlichen Zug.

Es war nicht mehr weit zur Kirche, da geschah das Unglück. Ein Rad des Fuhrwerkes, auf dem die geschmückte
Glocke befördert wurde, brach in zwei Stücke. Mit einem
dumpfen Tönen polterte diese herab und rollte in die Wiese.

Alle waren ganz erschrocken und schrien durcheinander.
Nur Herzog Christoph, der den Beinamen »der Starke«
führte, sprang hurtig von seinem Pferd und wuchtete sich

die Glocke auf seine Schultern. Er trug die schwere Last ohne abzusetzen bis zum Kirchturm, wo das Gerüst für die Glocke bereitstand.

Da jubelten alle und wußten sich nicht zu fassen vor Verwunderung darüber, wie ein Mensch diese Leistung vollbringen konnte. Der Herzog aber sprach bescheiden:

»Gilt es Gottes Lob und frommes Ding, wird mir das Schwerste leicht und g'ring!«

Die Hexe von Menzing

Es ist schon ein paar hundert Jahre her, da war einmal ein Bursche aus Aubing mit einem Mädchen versprochen, das in Menzing an der Würm wohnte. Eines Tages, es war gerade Sommersonnenwende, wollte er sie überraschen und ganz unvermutet besuchen. Am Abend, nachdem er seine Arbeit verrichtet hatte, zog er seine besten Kleider an und machte sich auf den Weg nach Menzing. Er freute sich schon auf das glückliche Gesicht seiner Verlobten, wenn er so unerwartet vor sie hintreten würde.

Als er näher an das Haus gekommen war, in dem sie wohnte, bemerkte er, daß in ihrem Zimmer noch Licht brannte. Das wunderte ihn, denn es war schon sehr spät und er hatte geglaubt, sie schlafe schon. Jählings wurde er von Eifersucht gepackt und schlich sich ganz vorsichtig zum Fenster, um zu sehen, ob vielleicht ein anderer Mann bei ihr wäre. Doch zu seiner Erleichterung gewahrte er, daß sie alleine war.

Sie saß am Tisch und richtete einen großen Bund Stroh zusammen. Diesen verzierte sie mit schönen, bunten Bändern und behängte ihn mit allerlei Flitterwerk. Der Bursche sah dem seltsamen Treiben seiner Verlobten eine Weile befremdet zu. Dann, nach einigem Zögern, klopfte er leise an das Fenster. Das Mädchen erschrak sichtlich und warf den Bund Stroh rasch unter den Tisch. Daraufhin schaute sie heraus.

»Ach du bist es«, sagte sie, als sie seiner ansichtig wurde, ganz erleichtert und ließ ihn ein.

»Was machst du denn da mit dem Stroh«, fragte der Bursche, nachdem sie sich begrüßt hatten. Sie gab zur Antwort:

»Ich mache eine weite Reise. Wenn du genug Mut hast, kannst du mit mir kommen.«

»Wohin denn«, wollte der Bursche wissen.

»Frag nicht so viel«, sagte da seine Geliebte ungehalten, »wenn du mitfahren willst, dann setz dich hinter mich auf den Strohbuschen und halte dich fest. Eines aber mußt du mir versprechen: Du darfst unter keinen Umständen, was auch immer geschieht, auf der Reise auch nur ein Wort sprechen. Sonst wird es dir übel ergehen.«

Dem Burschen wurde bei dieser Rede ganz eigenartig und ein wenig unheimlich zumute. Aber er war doch neugierig und wollte erfahren, was seine Verlobte vorhatte. Daher antwortete er:

»Natürlich will ich mitkommen. Daß ich verschwiegen bin, das weißt du doch!«

Da holte das Mädchen ganz hinten aus ihrem Schrank eine kleine, alte Dose mit einer seltsamen Inschrift hervor, die er noch nie bei ihr gesehen hatte. Als sie diese öffnete, erblickte er eine rote Salbe darin. Seine Geliebte nahm etwas davon und machte ihm ein Zeichen auf die Stirne. Dabei murmelte sie einige Worte, die er jedoch nicht verstand. Dann, nachdem sie sich selbst das gleiche Zeichen gemacht hatte, schwang sie sich auf den Strohbuschen und nahm ihn wie ein Roß zwischen die Beine. Und sie befahl ihm, es ebenso zu machen und hinter ihr Platz zu nehmen. Nochmals ermahnte sie ihn ernsthaft, nur ja kein Wort mehr zu sprechen.

Der Bursche tat, wie sie ihn geheißen hatte. Noch ehe er sich versah, erhob sich das seltsame Pferd und schoß mit seinen beiden Reitern zum Kamin hinaus. Mit unheimlicher Geschwindigkeit pfiff es über das Dorf und den Kirchturm hinweg, von dem die Glocke gerade dumpf die Mitternacht ankündigte. Da packte ihn die Angst und legte sich wie ein stählerner Panzer um seine Brust, so daß er kaum zu atmen vermochte.

Er sah die Dörfer, Felder und Wälder so schnell unter sich vorbeisausen, daß er bald nicht mehr wußte, wo er war, so weit waren sie schon geflogen. Er schloß die Augen und klammerte sich angstvoll an seine Braut. Die aber lachte nur schrill und eigenartig böse auf, so wie er es gar nicht an ihr kannte.

Und langsam begann ihn vor ihr zu grausen.

Als er die Augen wieder öffnete, sah er zu seinem Schrekken einen anderen Strohbuschen, mit einer alten Frau darauf, vorbeiwischen. Diese hatte rotglühende Augen und wirre, graue Haare. Sie rief etwas herüber. Er verstand es aber nicht. Vor Entsetzen hätte er fast sein seltsames Reittier losgelassen und hatte nun alle Mühe, sich wieder richtig hinzusetzen. Er zitterte am ganzen Körper vor Furcht, weil er nun wußte, daß seine Geliebte eine Hexe war. Verzweifelt krallte er sich an ein paar Strohhalmen fest, denn er wollte nicht mehr mit ihr in Berührung kommen.

Sie aber kümmerte sich nicht um ihn und hatte großen Spaß an dieser Luftfahrt. Einmal lenkte sie das Hexenpferd hoch in den Himmel, dann wieder streifte sie beinahe den Boden. Dem armen Burschen schwanden fast die Sinne. Sie flogen gerade ganz tief über eine Stadt, als ihnen aus einem Weinkeller ein paar junge Leute entgegenkamen. Sie trugen brennende Fackeln in ihren Händen. Wie ein Wirbelwind fegte die Hexe dicht über ihre Köpfe hinweg. Der Bursche glaubte, das Strohbündel, auf dem sie saßen, würde Feuer fangen und er schrie laut vor Entsetzen:

»Vorsicht, paß doch auf!«

Kaum aber hatte er diese Worte gesprochen, da wurde er von einer unwiderstehlichen Gewalt hochgerissen und dann zu Boden geschleudert, daß er meinte, alle Knochen seien ihm gebrochen. Bevor er die Besinnung verlor, sah er noch seine Verlobte, wie sie, ohne sich auch nur im geringsten um ihn zu kümmern, mit wehenden Haaren durch die Luft davonbrauste.

Erst nach langer Zeit erwachte der Unglückliche aus seiner Betäubung. Er schaute sich um und bemerkte, daß er vor dem Weinkeller lag, aus dem die jungen Leute gekommen waren. Mühsam rappelte er sich auf und ging hinein, um zu fragen, wo er sich befinde. Bei der wilden Fahrt hatte er nämlich jegliche Orientierung verloren.

Die Menschen sahen ihn verwundert an und sagten:

»Du bist in der Kaiserstadt Wien. Aber wie kommt es, daß du das nicht weißt? Und warum bist du auf der Stirn blutig? Bist du etwa Räubern in die Hände gefallen?«

Erschrocken wischte sich der Bursche mit einem Tuch das Gesicht ab und erkannte, daß es wirklich Blut war, womit ihm die Hexe das Zeichen gemacht hatte und nicht, wie er geglaubt hatte, eine Salbe. Es schüttelte ihn vor Grauen.

»Ja, was machst denn du bei uns in Wien«, rief da plötzlich eine fröhliche Stimme hinter ihm. Er wandte sich um und sah den Sprecher an. Es war der Wirt des Weinkellers. Zu seiner unaussprechlichen Freude erkannte er in ihm einen alten Freund aus München. Der war vor Jahren nach Wien gegangen, um dort die Tochter des ehemaligen Wirtes, eine entfernte Verwandte, zu heiraten.

Der Bursche erzählte ihm, er sei auf Wanderschaft, sei unter die Räuber gefallen und habe daher nichts anderes mehr, als was er auf dem Leibe trüge. Er schämte sich nämlich, die wahre Geschichte zu berichten. Da hieß ihn sein Freund in seinem Hause willkommen und versprach, ihm auch weiter behilflich zu sein und ihm die Heimreise zu ermöglichen.

Und er hielt sein Wort. Am anderen Tag reiste der Bursche, mit Geld und Proviant versehen, wieder in Richtung München ab. Viele, viele Tage mußte er wandern, bis er endlich wieder zu Hause war. Seine Leute hatten ihn schon vermißt und bestürmten ihn mit Fragen, wo er denn so lange gewesen sei. Er aber schwieg und wollte nichts sagen.

Er ging wieder nach Menzing. Dort traf er seine Braut, wie sie fleißig auf dem Felde arbeitete, als wäre nichts geschehen. Er machte ihr Vorwürfe und verlangte eine Erklärung für ihr Verhalten. Sie aber lachte ihn nur aus und sagte:

»Was willst du denn? Du bist doch selbst schuld, daß alles so gekommen ist. Ich hatte dir verboten zu reden.

Hättest du geschwiegen, dann wäre dir nichts geschehen und wir hätten am Blocksberg lustig tanzen können. Ich bin am nächsten Morgen schon wieder hier gewesen, während du den langen Weg machen mußtest.«

Da antwortete der Bursche nichts mehr und ließ die Hexe stehen. Dann sagte er ihr die Verlobung auf und mied sie, so gut er konnte. Nach einiger Zeit verschwand sie aus Menzing und wurde nie mehr gesehen. Der Bursche aber heiratete ein anderes Mädchen und war froh, daß er noch einmal so gut davongekommen war.

Das sprechende Pferd

Es ist schon lange her, da hockten einmal ein paar
Bauern im Wirtshaus von Aubing beisammen und unter-
hielten sich über Gott und die Welt. Sie kamen auch auf
die seltsamen Dinge zu sprechen, die sich oft zwischen
Himmel und Erde ereignen und die über des Menschen
Verstand gehen. Da erhob sich mühsam ein uralter Mann
und berichtete mit geheimnisvoll gedämpfter Stimme:

»Wißt ihr, daß in der Christnacht, just um die zwölfte
Stunde, alle Pferde in menschlicher Sprache reden können? Man muß sich nur unter den Barren legen und sie
belauschen, dann erfährt man von ihnen seine Zukunft.«

Ungläubig lachten da die anderen den Greis aus. Nur
einem von den Bauern wollte das Gesagte nicht mehr aus
dem Kopf. Am nächsten Weihnachtsabend, als seine Familie mit dem Gesinde in der Mette war, schlich er sich
in seinen Pferdestall und legte sich unter die Tiere.

Lange wartete er voller Spannung, doch es ereignete sich
nichts. Er glaubte schon, auf einen Schwindel hereinge-
fallen zu sein und wollte sich eben beschämt wieder er-
heben, als die Glocken der Kirche die hl. Wandlung einzu-
läuten begannen. Mit einem Mal ging ein eigentümliches
Raunen durch den Stall. Die Tiere wurden unruhig, stampf-
ten mit den Hufen und klirrten mit den Ketten. Der neugierige Lauscher hörte, wie sein Lieblingshengst schnaubte
und dann traurig zu dem neben ihm stehenden Pferd
sprach:

»Ja, ja, heute übers Jahr ist unser guter Herr auch schon
begraben.«

Der Bauer erschrak fast zu Tode über diese Worte. Die Haare sträubten sich ihm vor Entsetzen einzeln auf dem Kopf. In wilder Flucht verließ er den Stall. Und er nahm sich vor, niemandem zu sagen, was geschehen war.

Ganz verstört schlich er einige Tage herum, bis er sich dann doch seiner Frau anvertraute. Auch sie erschrak sehr, faßte sich aber schnell und tröstete ihren Mann. Sie erklärte, daß alles nur ein unchristlicher Geisterspuk gewesen sei, der ihm für seine Neugier einen Denkzettel verpassen wollte. Da beruhigte sich der Geängstigte ein wenig.

Es war aber noch kein Jahr vergangen, da wurde er ganz plötzlich krank und war innerhalb von wenigen Tagen eine Leiche. Die Pferde hatten also doch die Wahrheit gesprochen.

Die Feuermänner

In früheren Zeiten galt es als sehr gefährlich, nach dem Abendläuten den Bannkreis seines Dorfes zu verlassen. Die Leute glaubten, daß außerhalb eines bestimmten Bezirkes, der durch das Gotteshaus geschützt würde, die bösen Geister die Macht hätten, den Menschen zu schaden. Die geringe Bildung weiter Schichten des Volkes und der tiefverwurzelte Aberglaube verstärkten diese Angst vor den Schrecken der Nacht noch zusätzlich.

Zwischen Aubing und den angrenzenden Orten, wie Pasing, Obermenzing oder Lochhausen, sollen sich nach Einbruch der Dunkelheit, außerhalb der Bannmeilen, feurige Männer herumgetrieben haben. Besonders ein gewisses Feldkreuz zwischen den Dörfern wurde dann von den Menschen gemieden. Dort nämlich, so lautet die Sage, sei der Mittelpunkt des nächtlichen Geisterspukes gewesen. An diesem Platz sollen die feurigen Männer ihr Unwesen noch schlimmer als sonstwo getrieben haben. Sie tanzten, wie es heißt, stundenlang um das einsame Kreuz und warteten auf verspätete Wanderer. Dann, beim ersten Hahnschrei, mußten sie wieder in das dunkle Reich zurückkehren, aus dem sie gekommen waren.

Einst wollte ein junger Bursch aus Aubing sein Mädchen, das im Nachbarort wohnte, des Abends noch besuchen. Frohen Sinnes machte er sich auf den Weg. Doch als er in die Nähe des Feldkreuzes kam, wurde ihm mit einem Mal ganz merkwürdig zumute. Er begann zu laufen, um möglichst rasch an der unheimlichen Wegstelle vorbeizukommen.

Aber es war zu spät. Plötzlich sah er vor sich die feurigen Männer herumtanzen und ihm den Weg versperren. Entsetzt prallte er zurück und wollte schleunigst umkehren. Das war jedoch nicht mehr möglich, denn auch hinter ihm und zu beiden Seiten waren die schrecklichen Geister bereits und hielten ihn gefangen.

Es währte nicht lange, da sprangen einige von ihnen auf seine Schultern oder hängten sich an seine Arme. Verzweifelt wollte er sie abschütteln. Aber es waren ihrer zu viele und sie zwangen ihn mit Schlägen, sich trotz dieser Last weiterzuschleppen, bis er zusammenbrach. Dann zwickten, brannten und mißhandelten sie den am Boden Liegenden auf jede erdenkliche Weise. Als er sich in seiner Not nicht mehr zu helfen wußte, stammelte er mit letzter Kraft ein kurzes Stoßgebet.

Da war der höllische Spuk mit einem Mal wie weggefegt und der arme Bursche war seiner Peiniger ledig. Zerschunden, wie er war, und mit zerrissenen Kleidern rannte er so schnell er konnte in sein Heimatdorf zurück. Doch er wagte sich lange Zeit des Abends nicht mehr aus dem Haus.

Der gefesselte Geist

In Aubing, so erzählen die Alten, trieb vor vielen, vielen Jahren ein seltsamer Spuk sein Unwesen. In gewissen Nächten konnte man einen Mann gewahren, der von Kopf bis Fuß in weiße Gewänder gehüllt war. Er hatte ein aschfahles Totengesicht und starrte blicklos vor sich hin. Von seiner rechten Hand hing eine schwere Kette herab, mit der er an einen riesigen Hund mit feurigen Augen gefesselt war.

Müden, schlurfenden Schrittes schleppte sich der Unheimliche jedesmal vom Gemeindehaus aus durch das ganze Dorf. Am Ende des Ortes verschwand er dann und niemand konnte sagen, wohin.

Die Bewohner der Häuser aber, an denen er auf seinem Weg vorbeikam, verschlossen fest die Türen und wagten sich nicht heraus, denn keiner wollte dem schaurigen Gesellen begegnen.

Wer dieser Geist war und warum er dazu verdammt war umzugehen, weiß niemand. Doch ist er nun schon seit langer Zeit nicht mehr gesehen worden. Vielleicht hat der Unglückliche endlich Ruhe in seinem Grab gefunden.

Aubinger Aberglaube

Wenn der Hund beim Bellen zum Himmel schaut, wird es im Ort bald brennen.
Wenn der Hund beim Bellen auf den Boden schaut, gibt es in der nächsten Zeit einen Todesfall.
Wenn der Hund Gras frißt, wird es regnen.

Die sprechende Katze

In Aubing lebte vor sehr langer Zeit einmal eine junge Magd, namens Rosa. Sie diente treu und brav ihren Bauersleuten, hatte aber eine ganz absonderliche Vorliebe für Katzen. In ihrer Kammer beherbergte sie nicht weniger als sieben dieser Tiere, drei weiße, drei gefleckte und ein schwarzes. Sie behandelte sie wie kleine Kinder, steckte ihnen alle Leckerbissen zu, derer sie habhaft werden konnte und verwöhnte sie überhaupt auf jegliche Art und Weise. So schlief sie zum Beispiel selber auf dem harten Fußboden, damit die Katzen in ihrem Bett liegen konnten und es warm hatten.

Wohl lachten die anderen Knechte und Mägde über sie, doch sie kümmerte sich nicht darum. Auch die Bauersleute ließen sie gewähren und duldeten ihr seltsames Tun, weil sie sonst gutmütig war und ihre Arbeit immer fleißig verrichtete.

Eines Abends streichelte sie gerade wieder das schwarze Kätzchen, das ihr besonderer Liebling war und goß Milch in sein Näpfchen. Da reckte und streckte sich das kleine Tier mit einem Mal, sein Fell sträubte sich und seine Augen begannen wie glühende Kohlen zu funkeln. Und es fuhr sich mit den Pfoten über das Maul und fing an zu sprechen.

»Rosa«, sagte es, »Rosa, gehe durch die Türe des Stalles!« Darauf schwieg es wieder und war wie zuvor.

Die Magd erschrak so heftig, als das Kätzchen plötzlich redete, daß sie die ganze Milch verschüttete. Erst wollte sie nicht tun, wie es ihr die Katze geboten hatte, denn das Ganze kam ihr doch ziemlich ungeheuerlich vor, doch dann siegte die Neugier über die Furcht. Sie dachte:

»Vielleicht ist dort etwas Schönes versteckt und das Tierchen hat es gefunden und will es mir schenken.«

Sie öffnete leise die Türe und schlich durch die Dunkelheit zum Stall hinüber. Doch als sie nur noch etwa zwanzig Schritte davon entfernt war, erschrak sie fast zu Tode. Vor dem Eingang standen zwei riesenhafte, feurige Männer und hielten Wacht. Sie hatten schwarze Flügel auf dem

Rücken und blickten die Magd aus tellergroßen, rotglühenden Augen an.

Heulend vor Furcht lief sie ins Haus zurück. Die Haare
standen ihr zu Berge und sie zitterte an allen Gliedern.
Stammelnd erzählte sie, was ihr zugestoßen war. Da versuchten die Leute sie zu beruhigen und gingen miteinander
zur Stalltüre. Doch außer ihr sah niemand die feurigen
Männer. Alle glaubten, sie hätte es sich eingebildet und sei
ein bißchen wirr im Kopf.

Sie aber wagte sich zwei Tage und zwei Nächte nicht
mehr in die Nähe des Stalles. Doch jeden Abend zur sel-
ben Stunde wie das erste Mal, sagte die kleine, schwarze
Katze:

»Rosa, gehe durch die Türe des Stalles!«

Dann, beim dritten Mal, zog eine innere Macht, der sie
nicht zu widerstehen vermochte, die Magd zum Stall. Sie
mußte gehen, ob sie wollte oder nicht. Und sie überschritt
die Schwelle, die sie so fürchtete.

Was sie dort gesehen hat, werden wir nie erfahren, denn
sie stürzte mitten im Stall besinnungslos zu Boden und war
nach drei Tagen eine Leiche.

Das Schloß im Teufelsberg

In der Aubinger Lohe erhebt sich ein flacher Hügel, den die Einheimischen nur den »Teufelsberg« nennen. Daneben breitet sich ein großes Moor aus. Von dessen Entstehung weiß die Sage zu berichten:

Auf dem Teufelsberg stand einmal ein wunderschönes Schloß. Es war ganz aus weißen Steinen erbaut und hatte ein Tor aus purem Gold. Reichverzierte Türmchen schauten weit über das Land. In diesem Märchenschloß lebte ein junger Graf mit seiner Gemahlin. Die Gräfin war die schönste Frau, die man sich vorstellen kann. Sie hatte ein Gesicht, wie ein Engel und die langen, rotbraunen Haare reichten ihr, wenn sie sie löste, bis auf den Boden hinab. Die beiden Eheleute waren einander von ganzem Herzen zugetan und einer konnte ohne den anderen nicht sein.

Eines schönen, oder besser gesagt, eines unseligen Tages mußte der Graf auf die Jagd gehen. Liebevoll verabschiedete er sich von seiner Gattin und versprach ihr, bald wiederzukommen. Dann zog er mit seinen Hunden zum Tor hinaus. Ungeduldig wartete die junge Frau auf seine Rückkehr. Als die Sonne sank und die Dämmerung hereinbrach, stieg sie auf den höchsten Turm des Schlosses und hielt Ausschau nach ihrem Liebsten. Aber Stunde um Stunde verrann und kein Zeichen deutete seine Heimkehr an. Da wurde sie von einer großen Angst ergriffen und sandte alle Diener aus, um ihn zu suchen. Doch sie fanden keine Spur von ihm und kehrten unverrichteter Dinge zurück.

Nun stieg die Gräfin abermals auf den Turm hinauf und blickte unverwandt in die schwarze Nacht hinaus, in der Hoffnung, ihren Gatten zu sehen. Sie ließ alle Lichter im Schloß anzünden, damit er, wenn er sich verirrt hätte, gleich den Weg nach Hause wiedererkennen würde. Doch alles war umsonst, der Graf kam nicht zurück.

Plötzlich, es war schon weit nach Mitternacht, vernahm sie ein leises, klägliches Winseln vor dem Tor. Rasch befahl sie den Dienern, zu öffnen und erkannte zu ihrer Freude den Lieblingshund ihres Mannes, ein anhängliches und kluges Tier. Sie glaubte nicht anders, als daß dieser ihn zu ihr geschickt habe, um sie zu beruhigen und ihr seine Verspätung zu erklären. Und sie bückte sich, um den treuen Hund zu streicheln.

Da bemerkte sie zu ihrem Entsetzen, daß er aus dem Maul blutete. Als sie genauer hinblickte, sah sie, daß er eine abgehauene Hand zwischen den Zähnen trug. Zu Tode erschrocken erkannte sie an dem goldenen Reif, der einen der Finger zierte, die Hand ihres unglücklichen Gatten. Es war der Ring, den sie ihm an ihrem Hochzeitstage angesteckt hatte und den er seither nicht ein einziges Mal abgelegt hatte. Nun wußte sie, daß er niemals mehr zu ihr zurückkehren würde. Alle Farbe wich aus ihrem Gesicht und sie stürzte besinnungslos zu Boden.

Die Diener aber bewaffneten sich und folgten dem Hund durch den Wald, bis sie an einer versteckten Stelle ihren ermordeten Herrn fanden. Er war auf der Jagd von Räubern überfallen, beraubt und erschlagen worden. Im Kampf war ihm die rechte Hand abgehauen worden, die das treue Tier zum Schloß gebracht hatte.

Als die Gräfin aus ihrer Ohnmacht erwachte, waren ihre herrlichen Haare schneeweiß geworden. Doch sie weinte keine Träne. Sie legte lange, schwarze Gewänder an und ließ ihren Gatten auf's prachtvollste bestatten. Unbeweglich, mit steinernem Gesicht, wohnte sie der Zeremonie bei. Dann rief sie alle Diener und Dienerinnen zusammen, entlohnte sie reichlich und befahl ihnen, unverzüglich das Schloß zu verlassen. Als sie gegangen waren, nahm sie den goldenen Ring ihres Mannes und trat durch das goldene Portal hinaus. Sie wandte sich um, streckte die Hände mit dem Ring weit aus und verfluchte das Schloß, in dem sie einst so glücklich gewesen war und das sie nun nie mehr sehen wollte.

Da öffnete sich der Teufelsberg und langsam sank das herrliche Bauwerk mit all seinen Reichtümern in die Tiefe. Und der Berg schloß sich darüber, als wäre es niemals dagewesen.

Die Gräfin drehte sich um und verfluchte auch den Wald, der das Schloß umgeben hatte und in dem die mörderischen Räuber hausten. Da tat sich der Boden auf und verschlang den Wald mit allem, was sich darin befand und verwandelte sich in ein undurchdringliches Moor.

Nachdem dies geschehen war, nahm die Gräfin ihren Ring, wanderte fort aus dieser Gegend und wurde niemals mehr gesehen.

Noch heute aber, so erzählen sich die Moorbauern, kann man beim Torfgraben die Stümpfe abgehauener Bäume finden, an denen deutlich Axthiebe zu erkennen sind. Das sei, wie sie sagen, der Beweis, daß das Moor früher einmal ein Wald gewesen sei.

Die Schatzgräber

Der Teufelsberg in der Aubinger Lohe mit seinem versunkenen Schloß war in den vergangenen Jahrhunderten ein beliebtes Ziel für viele Abenteurer, die versuchten, den Schatz zu heben und so auf leichte Art und Weise zu Geld zu kommen. Doch niemand hat je etwas gefunden.

Da kam einmal vor mehr als 200 Jahren ein fremder Mann nach Aubing. Er hatte langes, schwarzes Haar, einen dichten, schwarzen Bart und war ganz in Schwarz gekleidet. Er sah überhaupt etwas furchterregend aus. Er mietete sich im Wirtshaus ein und verbrachte zwei Wochen in dem Ort, ohne daß jemand erfahren hätte, welche Geschäfte ihn hierher gerufen hatten. Nicht einmal der neugierige Wirt hatte es herausfinden können. Abend für Abend setzte sich der Unbekannte in die Gaststube, trank sein Bier und hörte den Gesprächen der Bauern zu.

Einmal klagten sie einander wieder gegenseitig ihr Leid über die harten Zeiten, die schwere Arbeit und den niedrigen Lohn. Ein grobschlächtiger, junger Knecht stand auf und sagte:

»Unsere Not hätte bald ein Ende, wenn wir endlich den Schatz im Teufelsberg finden könnten. Dann hätten wir ausgesorgt für unser ganzes Leben.«

Die anderen Bauern nickten beifällig mit den Köpfen. Der seltsame Fremde hatte diesen Worten aufmerksam gelauscht. Nun mischte er sich in das Gespräch und fragte, was es mit dem Teufelsberg für eine Bewandtnis habe. Da erzählten sie ihm von dem Schloß, das der Sage nach mit allen seinen Reichtümern versunken sei und das noch niemand habe finden können. Und der Unbekannte sprach, als sie geendet hatten:

»Es trifft sich gut, daß ich gerade in eurem Ort weile. Ich habe viele Bücher über die Kunst, Schätze zu finden und zu heben, gelesen. Ich will euch gerne behilflich sein. Ihr braucht nicht zu fürchten, daß es mir nur um Geld geht oder daß eine Betrügerei dahintersteckt. Ich tue es aus Liebe zur Wissenschaft und weil ich sehen möchte, ob nicht vielleicht mir gelingt, was bisher noch keiner fertiggebracht hat. Natürlich bräuchte ich etwas Geld, um mir die nötigen Geräte und was ich sonst noch brauche, zu beschaffen. Ihr wißt ja, der Pickel muß aus neun verschiedenen Hölzern zusammengesetzt sein und darf noch nie benützt worden sein. Solche seltenen Dinge sind aber sehr teuer. Darum bräuchte ich etwa 20 Gulden, um alles zu besorgen.«

Voll Freude hörten die Bauern diese Worte. Die geforderte Summe schien ihnen, im Vergleich zur Größe des zu erwartenden Schatzes, gering und sie bezahlten sie auf der Stelle. Dann vereinbarten sie mit dem Fremden einen bestimmten Ort, an dem sie am nächsten Tag um Mitternacht zusammenkommen wollten. Er sollte die zur Schatzsuche nötigen Geräte besorgen und mitbringen.

Zur genannten Stunde stellten sich alle Bauern am verabredeten Platze ein und warteten auf den Fremden. Dieser erschien alsbald mit einer Schaufel und einem Pickel über der Schulter. Er begrüßte sie und sprach dann mit geheimnisvoll gedämpfter Stimme:

»Ich habe ein Zaubermittel, mit dem ich den Wächter des Schatzes aus dem Berg locken werde. Ihr dürft euch aber nicht fürchten, wenn ihr den schauerlichen Geist in seiner kohlschwarzen Gestalt erscheinen seht und seine schreckliche Stimme vernehmt. Ihr müßt vielmehr sofort an der Stelle zu graben anfangen, die ich euch bezeichnen werde.«

Als die Bauern hörten, was sie erwartete, blickten sie einander furchtsam an und hätten das Ganze am liebsten wieder abgeblasen. Doch da schlug die Glocke Mitternacht und der Fremde mahnte sie, mit ihm zu kommen, wenn sie den Schatz wollten, sonst würde es zu spät. Da siegte noch einmal die Besitzgier über die Angst und sie folgten ihm zum Teufelsberg. Der Weg über die nachtdunklen Wiesen, begleitet von den schaurigen Rufen der Käuzchen war nicht dazu angetan, ihren Mut zu heben. Und keiner wollte als Erster bei dem Geisterhügel im Wald sein, darum stießen und schubsten sie einander vorwärts, bis es dem Fremden auffiel. Als sie am Berg angelangt waren, sagte er deshalb:

»Ich sehe schon, daß ihr solche Dinge nicht gewöhnt seid. Stellt euch darum ein klein wenig weiter zurück. Dort könnt ihr alles sehen und hören, was geschieht. Doch hütet euch, auch nur ein Wörtchen zu reden, sonst stehe ich für nichts ein!«

Da gingen die Bauern zu dem Ort, den er ihnen anwies. Er selbst aber stellte sich vor den Hügel und rief mit lauter Stimme einige Worte in unverständlicher Sprache. Mit einem Mal stand eine riesige, schwarze Gestalt oben auf dem Berg. Unter beschwörenden Gesten fragte der Fremde:

»Sag an, oh Geist des Schatzes, was bewachst du in diesem Berg?«

Da zog die Gestalt eine schwarze Tafel aus ihrem wallenden Gewand und warf sie dem Fremden zu. Dieser zeigte sie den Bauern, die in ehrfürchtigem Erstaunen die hohe Summe der Schätze lasen, die darauf angegeben war. Leise sagte der Fremde zu ihnen:

»Nun müssen wir nur noch diesen Geist fortjagen, dann können wir mit dem Graben beginnen.«

Er trat wieder zum Hügel und befahl der Gestalt mit energischer Stimme zu verschwinden. Sie aber gehorchte nicht und fing an, derartig schaurig zu lachen, daß es im ganzen Wald widerhallte. Da rief er noch lauter und gebieterischer. Doch die Gestalt verschwand nicht. Sie richtete sich im Gegenteil noch höher auf, nahm eine drohende Haltung ein und kam langsam den Hügel heruntergestelzt, gerade auf die Bauern zu.

Das war zu viel für sie, die sie ihrer Furcht bisher ohnehin nur mit Mühe Herr geworden waren. Wie aufgescheuchte Hühner rannten sie Hals über Kopf davon und blickten sich auf ihrer wilden Flucht nicht ein einziges Mal um.

So sahen sie nicht, wie der Fremde in aller Ruhe die schwarze Gestalt, seinen Komplizen, vom Schatzhügel herunterholte und mit ihm und dem Geld der Bauern auf Nimmerwiedersehen verschwand.

Das Seelenlichtlein

In Langwied lebte bei einem reichen Bauern einmal eine Magd. Eines Abends, als sie wie üblich ihre Stallarbeit verrichtete, brach ein Schwein aus seinem Verschlag aus und lief durch die Türe davon. Ärgerlich rannte die Magd hinterdrein. Doch es ist nicht so leicht, ein Schwein zu fangen, das sich nicht erwischen lassen will. Jeder der es schon einmal versucht hat, wird dies bestätigen können.

Die Magd geriet ganz außer Atem, als sie vergeblich versuchte, des widerspenstigen Borstentieres habhaft zu werden. Da blieb sie stehen und fing an fürchterlich zu schimpfen und zu fluchen. Sie steigerte sich in eine immer größere Wut hinein und gebrauchte zum Schluß so gotteslästerliche Ausdrücke, daß es nicht möglich ist, sie wiederzugeben.

Plötzlich empfand sie fast körperlich eine drohende Gefahr und es war ihr, als griffe eine eiskalte Hand nach ihrem Herzen. Vor Schreck blieb sie stehen und der letzte Fluch blieb ihr buchstäblich in der Kehle stecken. Sie sah über dem Giebel des Bauernhauses eine eigentümlich flakkernde, blaue Flamme.

Unheilverkündend und mahnend strahlte diese ein so sonderbares Licht aus, daß die Magd vor Grauen rasch die Augen schloß. Sie hoffte, sich getäuscht zu haben, doch als sie wieder schaute, stand der seltsame Schein noch immer wie ein schlimmes Omen auf dem gleichen Ort, wie zuvor.

Da wurde die Magd von einer so panischen Angst ergriffen, daß sie das Schwein, Schwein sein ließ und wie von Furien gehetzt in das Haus zurückrannte. Das blaue Licht dünkte ihr eine Strafe für ihr unchristliches Verhalten zu sein.

Sie erzählte niemandem von diesem gespenstigen Erlebnis. Doch aus ihrem Denken konnte sie es nicht verbannen und Tag und Nacht, im Wachen und im Träumen, verfolgte sie die unheimliche Drohung der geisterhaften Flamme. Es währte kaum acht Tage, da lag die Magd im Sterbezimmer des Hauses und neben ihr brannte flackernd das Totenlicht.

Das Gespenst am Weg

In Langwied trieb vor langer, langer Zeit ein riesengroßer, schwarzer Mann seinen nächtlichen Spuk. Er lauerte bei Dunkelheit den Wanderern, die zu dem Ort wollten, auf und vertrat ihnen dann plötzlich den Weg. Die meisten bekamen einen solchen Schrecken, wenn sie die lange, zaundürre Gestalt daherschwanken sahen mit dem schwarzen Stab in der knochigen Totenhand, daß sie Hals über Kopf das Weite suchten und diese Straße nie mehr bei Nacht betraten. Etwas mutigere Leute, denen das Gespenst begegnet war, wußten zu berichten, daß es ihnen den langen Stock hingehalten habe und mit dumpfer, schauriger Stimme gefragt habe:

»Wo muß ich ihn hintun?«

Einst ging auch ein braver Bürgersmann aus Aubing diesen Weg am Abend noch nach Hause. Und natürlich erschien ihm an einer besonders dunklen Stelle der Geist, streckte ihm den Stab entgegen und stellte die übliche Frage:

»Wo muß ich ihn hintun?«

Der Bürger aber war ein sehr couragierter Mann, der sich nicht so leicht einschüchtern ließ. Er antwortete daher in höflichem Ton:

»Nun, selbstverständlich dorthin, wo du ihn hergenommen hast.«

Da stieß das Gespenst den Stab in den Boden und zerfloß in der Dunkelheit. Der Bann war gebrochen und der unheimliche Geselle erschien, zur Freude der Leute von Langwied, nie wieder. Aber auch den Stab konnte man nicht mehr finden, obwohl der Bürgersmann die Stelle, wo ihn der Geist in die Erde gerammt hatte, genau bezeichnen konnte. Er war, ebenso wie sein Besitzer, auf Nimmerwiedersehen verschwunden.

Der Geist Bleistein

Die Bleisteinstraße in Untermenzing ist nach dem Geist Bleistein benannt, der in dieser Gegend sein Unwesen getrieben haben soll. Er war, so wird berichtet, ein Poltergeist, der mit Vorliebe die Menschen durch allerlei Schabernack in Furcht und Schrecken versetzte.

Einmal schlich er sich auch in ein Haus und warf von einem Podest eine sehr wertvolle, alte Vase herunter, daß sie in tausend Stücke zerbrach. Die Leute, die sehr traurig über den Verlust des Erbstückes waren, baten den Pfarrer des Ortes um Hilfe gegen den frechen Geist.

Da beschwor dieser den Geist Bleistein und bannte ihn. Seither hat man nie mehr etwas von ihm gehört und die Untermenzinger haben ihre Ruhe.

Die Jagd in Dachau

Es war im Dreißigjährigen Krieg, da lagerten einmal die Feldherren Wrangel und Turenne von den Schweden in Dachau. Die beiden waren leidenschaftliche Waidmänner. Und weil sie das Heer des Kaisers weit entfernt glaubten, gedachten sie sich die Zeit mit einer fröhlichen Jagd zu vertreiben.

Um bei ihrem Vergnügen ungestört zu sein, ließen sie den Wald mit 16 schwedischen Schwadronen umstellen.

Doch sie hatten die Rechnung ohne den bayerischen Reitergeneral Johann von Werth gemacht, der vom Volke nur »der schwarze Graf« genannt wurde. Er war bekannt dafür, daß er mit seinen Reitern überall dort auftauchte, wo man ihn am wenigsten erwartete. Durch Spitzel hatte er von dem Vorhaben der schwedischen Feldherren gehört und gedachte, diese Gelegenheit zu nutzen.

Mit seinen besten Soldaten erschien er plötzlich am Eingang des Forstes, überumpelte und entwaffnete die völlig überraschten Wachen und verfolgte dann Wrangel, Turenne und ihre Gesellschaft durch den ganzen Wald.

Es wäre ihm fast gelungen, die feindlichen Feldherren gefangen zu nehmen, wären diese nicht geistesgegenwärtig und todesmutig einem Hirschen gefolgt, der einen Weg über den sumpfigen Boden in die Freiheit fand. So konnten sie sich retten, wenn auch Wrangel bei der Flucht seinen Degen verlor.

Dennoch war der kühne Streich des »schwarzen Grafen« nicht ganz umsonst gewesen. Er hatte den Bruder Wrangels und viele hohe Offiziere gefangen nehmen können und außerdem über 1000 Pferde, sowie silbernes und goldenes Geschirr erbeutet.

So war diese Jagd bei Dachau den Schweden teuer zu stehen gekommen.

Der Geist des Zimmermannes

Es ist schon mehr als 300 Jahre her, da starb in Dachau ein Zimmermann namens Rueprecht Doll. Er war Zeit seines Lebens ein braver Bürger gewesen und wurde mit großem Gepränge auf dem Gottesacker der Stadt begraben.

Nach seinem Tode wollte seine Witwe nicht mehr in dem Haus bleiben, in dem sie mit ihm gemeinsam so glücklich gewohnt hatte. Sie verkaufte es daher an einen Vetter, der Christof Schäblmayr hieß. Er war von Beruf Zollknecht und erwarb es um 12 Gulden, wie es in einer alten Dachauer Chronik verzeichnet ist.

Doch er sollte sich seines neuen Besitzes nicht lange erfreuen. Kaum war er mit seiner Familie eingezogen, da begann es in dem Haus zu spuken. Vasen und Tassen fielen aus unerklärlichen Gründen um, zerbrachen und oft waren knarrende Schritte auf den Treppen zu vernehmen, ohne daß man jemanden hinaufsteigen sah.

Besonders im Zimmer des Verstorbenen ging es wild zu. Jeden Morgen befand es sich in heilloser Unordnung, auch wenn das Dienstmädchen es immer säuberlich aufgeräumt hatte. Durch solche und andere eigenartige Begebenheiten wurden die Bewohner des Hauses in große Furcht versetzt.

Bald wußten sie nicht mehr, was sie tun sollten und erwogen den erneuten Verkauf des Hauses. Da hörten sie von einer gewissen Frau namens Rosina, die in einem nahegelegenen Ort wohnte. Von ihr hieß es, daß sie schon oft umgehende Verstorbene beschworen und ihren Seelen zur Ruhe verholfen habe. An sie nun wandte sich der geplagte Zollknecht.

Er bat seine Freunde zu sich und ließ in ihrem Beisein die Beschwörung des Rueprecht Doll vornehmen. Rosina betrat, in ein eigenartiges Gewand aus schwarzer Seide gehüllt, das Zimmer des Verstorbenen. Dann ließ sie die Fenster verdunkeln und redete in der Finsternis, die alsbald herrschte, mit seltsam eintöniger Stimme auf den unsichtbaren Geist ein. Hierauf nahm sie einige Räucherstäbchen, zündete sie an und schwang sie mit ausdrucksvollen Gebärden auf und ab. Dabei murmelte sie unverständliche

Worte. Es verbreitete sich ein merkwürdiger Geruch im ganzen Zimmer, der sich immer mehr verdichtete, bis die Zuschauer kaum mehr zu atmen vermochten.

Als die ersten schon ohnmächtig zu werden drohten, befahl Rosina plötzlich, die Fenster weit zu öffnen und wieder Licht und Luft hereinzulassen. Der Poltergeist, so versprach sie, sei gebannt und Christof Schäblmayr würde wieder seine Ruhe haben. Sodann ließ sie sich eine ansehnliche Summe Geldes als Lohn für ihre Bemühungen auszahlen und kehrte in ihr Dorf zurück.

Und es geschah, wie sie gesagt hatte. Seit der Zeit hatte der Geist des Rueprecht Doll seine Ruhe und spukte nicht mehr in dem Haus herum.

Das versunkene Schloß

Der Giglberg ist ein geheimnisumwitterter Hügel in der Nähe von Dachau. Viele Sagen ranken sich um ihn. Auch sein Name gibt Anlaß zum Nachdenken. Kommt »Gigl« einfach von Gipfel, ist es eine Abkürzung von Ägidius, des Namens eines der 14 Nothelfer oder leitet sich die Bezeichnung von dem Wort »Giel«, das Rachen oder Schlund bedeutet, ab? Niemand kann es sagen. Die letzte Deutung rührt von einer Sage her, die man sich von dem Giglberg erzählt:

Früher einmal ist auf dem Giglberg ein Schloß gestanden, das einem wilden Ritter namens Arnold gehörte. Er war sehr reich, aber ein böser Mensch mit einem Herzen aus Stein. Unbarmherzig quälte er seine Bauern und preßte auch noch den letzten Pfennig aus ihnen heraus, so daß sie in bitterste Armut gestürzt wurden. Er aber lebte in Saus und Braus und verschwendete das sauer verdiente Geld der Leute mit leichtlebigen Mädchen und gewissenlosen, wilden Freunden. Auf seiner Burg folgte ein ausschweifendes Fest dem anderen.

Doch Gott läßt Seiner nicht spotten und der Tag der Vergeltung kam.

Es war an einem drückend heißen Sommerabend, da zog mit einem Mal ein fürchterliches Unwetter auf. Drohend stand die schwarze Wolkenwand mit dem schwefelgelben Saum am Himmel. Alle Bauern, die das Unheil kommen sahen, verbargen sich zitternd in ihren elenden Hütten. Als das Gewitter mit ungeheurer Gewalt losbrach, beteten sie inbrünstig um Verschonung ihrer selbst und ihrer armseligen Habe.

Nur auf der Burg des Ritters kümmerte sich niemand um die entfesselten Elemente. Man fühlte sich sicher in den dicken Mauern und unter dem wohlgefügten Dache. Keiner ahnte die drohende Gefahr. Lustig feierten der Ritter und seine Gäste ihr ausschweifendes Gelage weiter und beantworteten die grollenden Donnerschläge mit ausgelassenem Gelächter und die grellzuckenden Blitze mit gotteslästerlichem Fluchen. Und sie schmausten und becherten, bis alle sinnlos betrunken unter den Tischen lagen.

Da erscholl mit einem Mal ein ohrenbetäubender Donnerschlag, dem ein Blitz folgte, der alles ein paar Sekunden lang in ein fahles, gespenstisches Licht tauchte. Zischend fuhr er in den Giglberg und spaltete den Hügel in

zwei Teile. Da polterte das Schloß mit allen, die sich darin befanden in die Tiefe des Schlundes hinab. Die Menschen brüllten vor Entsetzen wie Schlachttiere, doch niemand konnte sich mehr retten. Die Erde prasselte dumpf auf die versunkene Burg und deckte alles mit ihrem dunklen Leichentuch zu.

Am nächsten Morgen, als die Luft wieder klar und hell war, konnte man nichts mehr von dem Schloß sehen. Nur eine kleine Mulde am Gipfel des Hügels deutete die Stelle an, wo es einst gestanden hatte, bevor es von der rächenden Macht verschlungen worden war.

Die feurigen Hunde vom Giglberg

Auf dem Giglberg bei Dachau ist es nicht geheuer, sagen die Einheimischen, die es ja wissen müssen. Bei Nacht sei es für niemanden ratsam, über den Hügel zu gehen, weil man um sein Leben fürchten müsse. Dort treiben nämlich um die zwölfte Stunde bösartige Hunde ihr Unwesen. Und sie sind gar unheimlich anzuschauen. Sie sind viel größer als Wölfe und haben ein struppiges, feuriges Fell, aus dem die Funken nur so sprühen. Wenn es jemand wagt, zu der verbotenen Zeit ihr Revier zu betreten, dann stürzen sie sich grimmig auf den Eindringling. Und es ergeht ihm schlecht, wenn er nicht sofort das Weite sucht und nicht lieber einen großen Umweg um den verrufenen Giglberg in Kauf nimmt.

Noch lange wird das grauenerregende Geheul der wilden Geisterhunde in seinen Ohren klingen, so daß er um jeden Meter froh ist, den er zwischen sich und die fürchterliche Meute legen kann.

Der Geisterschimmel

Zu bestimmten Zeiten erscheint auf dem Giglberg ein gespenstischer Schimmel. Dann, so raunen die Leute hinter vorgehaltener Hand, ist irgend etwas nicht in Ordnung.

Das Geisterpferd hat, wie diejenigen behaupten, die es gesehen haben wollen, einen langen, feurigen Schweif, mit dem es, wenn es zornig ist, die Erde peitscht. Seine Hufe sollen übergroß sein und aus seinen Nüstern soll es schwarzen, übelriechenden Dampf ausstoßen.

Des Morgens, solange es noch dunkel ist, stürmt es, laut Sage, wie ein Wirbelwind den Berg hinunter und gesellt sich während des Tages zu den anderen Pferden in den Koppeln. Von denen ist es dann nicht wegzukennen. Wenn aber die Sonne sinkt und die Nebel des Abends heraufziehen, kommt eine seltsame Unruhe über den Geisterschimmel.

Dann beginnt er, ungebärdig um sich zu schlagen und sich hoch aufzubäumen. Und plötzlich galoppiert er wieder wie wild den Giglberg hinauf, wo er in der Nacht sein Unwesen treibt.

Manche behaupten, daß der Schimmel das Reitpferd des Ritters Arnold ist, dessen Schloß, wie es heißt, in einer Gewitternacht vom Erdboden verschlungen wurde. Das Tier soll allein das Strafgericht überlebt haben und seither noch immer verzweifelt nach seinem Herrn suchen.

Das Geheimnis des Pilgers

Es ist heute kaum jemandem mehr bekannt, daß das hochberühmte und verehrte Scheyerer Kreuz einst über ein Vierteljahrhundert in Dachau verwahrt wurde. Aus alten Schriftstücken geht hervor, daß es sich von 1155–1183 dort befunden hat.

Als im Jahre 1182 Frau Udilhild, die Witwe des Grafen Konrad III. von Dachau die Grafschaft an Herzog Otto I von Bayern verkaufte, sollte auch der kostbare Splitter vom Kreuz Christi dem Stammkloster der Schyren übergeben werden. Er war ohnehin auf nicht ganz rechtmäßige Art und Weise nach Dachau gekommen. Der Vater Konrads III. hatte nämlich den Kreuzpartikel einem durchreisenden Chorherrn des Patriarchen von Jerusalem gewaltsam abnehmen lassen.

Die Überführung der unersetzlichen Reliquie in das Scheyerer Kloster aber bereitete den Verantwortlichen nicht wenig Kopfzerbrechen. Sie befürchteten, diese könne wieder gestohlen werden oder sonst auf irgendeine Weise abhanden kommen. Da verfielen die klugen Ratsherren auf eine List, um das Kleinod zu schützen. Darüber berichtet die Sage:

Im Jahre 1183 war es endlich so weit, daß der Kreuzpartikel nach Scheyern gebracht werden konnte. In einer feierlichen Prozession zogen die Dachauer den Burgberg hinunter und zum »nydern towr«, – dem »freyssinger Thor« oder »Etzenhauser Tor« wie es später hieß –, hinaus. Voraus schritt ein festlich gekleideter Mann, der ein großes, uraltes Kreuz ehrfürchtig in den Händen hielt. Er wurde von mehreren Leuchterträgern begleitet. Dann folgte ein reichgeschmückter, vierspänniger Wagen mit einem herrlichen Schrein darauf, in dem die berühmte Reliquie zur Schau gestellt wurde. Zu beiden Seiten des Gefährtes ritten bewaffnete Soldaten, welche die Aufgabe hatten, sie zu beschützen. Hinter ihnen zogen viele Dachauer Bürger mit, die sich das seltene Schauspiel nicht entgehen lassen wollten.

Ganz am Ende der Prozession hinkte ein Pilger in armseliger Kleidung. Er hatte alle Mühe, mit dem Zug Schritt zu halten. Scheinbar machte er eine Wallfahrt unter erschwerten Bedingungen, denn er hatte nur einen Stiefel an, den anderen trug er in der Hand. So legte er den ganzen langen Weg nach Scheyern zurück. Freilich, nach einiger Zeit jammerte er gottserbärmlich, denn den unbekleideten Fuß hatte er auf den rauhen Straßen sehr bald blutig gelaufen.

Aus Vorsicht hatten nämlich die Stadtväter nur schlechte, wenig bekannte Feldwege für die Überführung der Reliquie ausgesucht, um die Gefahr eines Überfalles zu verringern.

Doch trotz aller Hindernisse hielt der arme Büßer durch,

98

bis sich die festen Tore des Klosters hinter der Prozession geschlossen hatten.

Dort nun kam die List der Dachauer an den Tag. Es stellte sich heraus, daß das im Schrein gezeigte Stück Holz gar nicht der kostbare Kreuzpartikel war, sondern nur eine gute, aber wertlose Nachbildung. Die echte Reliquie aber hatte der ärmlich gekleidete Pilger in seinem Stiefel mitgetragen. Die Ratsherren hatten, sicher zu Recht, angenommen, daß bei einem Überfall auf den Zug sich kaum jeman um diesen scheren würde und er rechtzeitig würde fliehen können.

So gelangte der Kreuzpartikel also doch wohlbehalten in Scheyern an. Dort wird die Reliquie, die weit über die Grenzen Bayerns bekannt ist, noch heute verwahrt und verehrt.

Nachwort

Allen, die mir beim Sammeln und Wiederauffinden der Sagen des Würmtales geholfen haben, möchte ich meinen Dank aussprechen.

Er gilt den Redakteuren des Würmtalboten, Frl. Claudia Schmohl und Herrn Winfrid Schindler, die mir das Archiv ihrer Zeitung zur Verfügung stellten und mir auch sonst in selbstloser Weise behilflich waren.

Er gilt Herrn Rektor Siegfried Segl, Herrn Altbürgermeister Baptist Huber und Herrn Altbürgermeister Georg Loibl, die mir einige Sagen erzählen konnten, die nur noch in mündlicher Überlieferung erhalten waren.

Er gilt Frau Oberlehrerin Mater Gerburgis, Frau Oberlehrerin Paula Bierschneider, Herrn Regierungsdirektor Wilhelm Baumann, dem Oberschulrat des Landkreises Dachau Herrn Alois Angerpointer, und dem Redakteur des Münchner Merkurs, Herrn Karl Spengler, die mir eine große Hilfe bei der Sammlung der Sagen waren.

Er gilt allen, die mich bei meiner Arbeit unterstützt haben.

München, im Sommer 1974

Gisela Maria Schinzel

Quellenverzeichnis

Altbayerische Sagen. Verlag der Jugendblätter, München.

Angerpointner, Alois: *Die schönsten Sagen aus dem Freisinger und Dachauer Land.* Verlag für Behörden und Wirtschaft 1971, R. Alfred Hoeppner.

Bayerische Heimat. Beilage zur Münchner Stadtzeitung.

Brunner, Barbara: *Die Abenteuer Herzog Christophs.* Georg Lange Verlag, München.

Das Würmtal. Amtlicher Führer in Wort und Bild. Verlag Hugendubel, München.

Heimatkunde für den Landkreis Starnberg. Verfaßt und zusammengestellt von der Lehrerschaft des Landkreises Starnberg.

Kapfhammer, Günther: *Bayerische Sagen.* Eugen Diederichs Verlag, 1971.

Kriegelsteiner, Franz Xaver: *Der Forstenrieder Park.* Universitätsbuchdruckerei Dr. Wolf & Sohn, München.

Kübler, August: *Dachau in verflossenen Jahrhunderten.* Bayerlanddruckerei, Dachau 1928.

Maria Eich. Kirchenführer, Verlag Schnell & Steiner, München und Zürich.

Panzer, Friedrich: *Bayerische Sagen und Bräuche,* Teil 1 und 2. Verlag Otto Schwartz & Co., Göttingen 1956.

Raff, Helene: *So lang der alte Peter.* Süddeutscher Verlag, München.

Schaehle, Franz: *Pasing in Geschichte und Gegenwart.* Verlag Max Limbacher, Pasing 1921.

Schöppner, A.: *Sagenbuch der bayerischen Lande,* Bd. 1–3. München 1874.

Steinbacher, Josef: *Aubing, Pfarrdorf bei München*. Druck
der Graph. Kunstanstalt Jos. C. Huber, Dießen vor
München.

1200 Jahre Pasing. Offizielle Festschrift, herausgegeben
von der Landeshauptstadt München. Druck und
Verlag: Pasinger Zeitung »Würmtalbote«.

Wünnenberg, Rolf: *Fünfseenland*. Hornung Verlag, München 1970.

Mündliche Überlieferung durch
Herrn Ganter sen., Percha; Herrn Siegfried Segl, Gräfel-
fing; Herrn Baptist Huber, Krailling und Herrn Georg
Loibl, Krailling.
Schriftliche Aufzeichnungen von
Herrn Alois Angerpointner und Frau Paula Bierschneider.

Bayerns Geschichte - verständlich für jedermann

BENNO HUBENSTEINER

Bayerische Geschichte

Staat und Volk, Kunst und Kultur

436 Seiten, 24 Bildtafeln, 4 Karten, Leinen, DM 29,80

Dieses reich illustrierte Werk des Münchner Universitätsprofessors Dr. Benno Hubensteiner gibt eine wissenschaftlich fundierte, jedoch keine wissenschaftliche, sondern eine allgemeinverständliche Darstellung von Volk und Staat, Kunst und Kultur Bayerns, seit der Besiedlung durch die Kelten und Römer bis zu der großen entscheidenden Revolution im Jahr 1918.
Das bereits in der 5. Auflage vorliegende Standardwerk sollten alle lesen, die mehr über Bayern und seine bewegte Vergangenheit wissen wollen. Es gibt nicht zuletzt Aufschluß über soziale und wirtschaftliche Verflechtungen, die heute noch die Politik Bayerns bestimmen und auch bis auf weiteres bestimmen werden.
Mit wieviel Geschick und Fingerspitzengefühl Benno Hubensteiner an dieses Werk gegangen ist, zeigt sich auch bei den Fragen, die sich mit Kirche, Religion und den Konfessionen beschäftigen. Auch in diesen diffizilen Bereichen hält Benno Hubensteiner sein hohes Niveau.

Und so urteilt die Presse über dieses außergewöhnliche Werk: „Dieses Geschichtsbuch ist ein Phänomen — und man weiß nicht, wen man zu diesem Erfolg mehr beglückwünschen soll: den Verfasser, den Verlag oder die Leserschaft. Das seltene Buch wimmelt von einprägsamen Formulierungen, und seine Zitate sitzen wie Blattschüsse, mitten im Schwarzen ..."   *Münchner Merkur*

Fordern Sie unseren Verlagsprospekt an!

HORNUNG VERLAG 8000 MÜNCHEN 81

SUSI ROTH

Menzinger G'schichten

128 Seiten mit vielen Zeichnungen, geb. DM 14,80

Aus der „guten alten Zeit", als der heutige Münchner Stadtteil noch
ein richtiges Dorf war, erzählt die „Förster-Susi" ihre Jugenderleb-
nisse. Sie berichtet von einfachen aber herzerfrischenden Menschen,
von skurrilen und deftigen Originalen und vom unbekümmerten und
vertrauten Umgang dieser lebendigen Dorfgemeinschaft mit dem bayerischen Königshaus vom nachbarlichen Nymphenburg.

WOLFGANG JOHANNES BEKH

Baierische Kalendergeschichten

160 Seiten mit vielen Zeichnungen, geb. DM 14,80

Vom Gäuboden ins Rottal, vom Isarwinkel ins Innviertel, von der
Salzach in den Bayerischen Wald — vom Winter in den Auswärts,
vom Sommer in den Herbst — wird der Kreis der heimatlichen Landschaft im Jahreslauf ausgeschritten. Und zu einer echten Kalender-
geschichte gehört natürlich auch ein guter Rat, eine Ermunterung oder
aber eine deutliche Ermahnung, wenn nicht gar ein gutgemeint kräf-
tiges „Hirnbatzl".

LUDWIG ROSENBERGER

Der Scheibentoni von Zirl

oder Der große Umgang von München

128 Seiten mit vielen Zeichnungen, geb. DM 14,80

Diese spannende Erzählung einer Kriminal- und Liebesaffäre aus
historischer Zeit vermittelt zugleich ein lebendiges Bild des bayerischen
Alltags und Volksbrauchs im 16. Jahrhundert.

Fordern Sie unseren Verlagsprospekt an!

HORNUNG VERLAG 8000 MÜNCHEN 81